人口老龄化对我国住房需求的影响研究

——基于复杂系统理论视角

董纪昌　牟新娣　李秀婷　董　志　等◎著

国家自然科学基金项目（71403260，71532013，71573244，71850014）资助

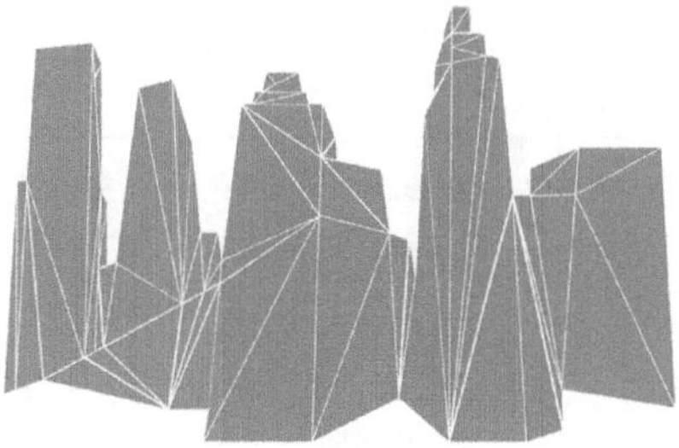

科学出版社

北　京

内 容 简 介

当前，人口老龄化是众多国家关注的问题，我国也已进入老龄化社会，且面临着越来越严峻的挑战，老龄化社会将带来诸多人口、社会、经济和文化等影响。近年来我国住房市场发展迅速，住房需求快速增加，而居民住房需求受到众多因素的影响，且人口因素中的人口老龄化和家庭结构尤为重要。本书主要围绕老龄化社会背景下，老龄化和家庭结构对我国住房需求的影响展开研究。采用复杂系统理论的方法，构建我国人口子系统、家庭子系统及住房需求子系统，探究人口、家庭、政策等对我国住房需求的影响，为我国住房市场的平稳、健康发展提供政策建议。

本书可供政府部门制定和调整与人口和房地产相关的政策时参考，同时对房地产业和人口学方面的学术研究有一定的参考价值。

图书在版编目（CIP）数据

人口老龄化对我国住房需求的影响研究：基于复杂系统理论视角 / 董纪昌等著. —北京：科学出版社，2021.12

ISBN 978-7-03-071261-5

Ⅰ. ①人… Ⅱ. ①董… Ⅲ. ①人口老龄化－影响－住宅－市场需求分析－中国 Ⅳ. ①F299.233.5

中国版本图书馆 CIP 数据核字（2021）第 275585 号

责任编辑：魏如萍 / 责任校对：王晓茜
责任印制：张 伟 / 封面设计：有道设计

科学出版社出版
北京东黄城根北街 16 号
邮政编码：100717
http://www.sciencep.com
北京建宏印刷有限公司印刷
科学出版社发行 各地新华书店经销
*
2021 年 12 月第 一 版 开本：720 × 1000 1/16
2021 年 12 月第一次印刷 印张：9
字数：180 000

定价：102.00 元

（如有印装质量问题，我社负责调换）

前　言

自1982年计划生育政策实施以来，我国人口数量得到了有效控制，人口增长也由“高出生率、高死亡率”的低增长模式转变为如今的“低出生率、低死亡率”的低增长模式。“低出生率、低死亡率”虽然有效控制了我国的人口增长，但也催生了我国社会的人口老龄化，以及家庭规模的小型化。近年来实行的二孩政策在提高人口出生率、控制人口老龄化加深的过程中并未起到明显作用。因此，自2001年我国进入人口老龄化社会以来，我国老龄化程度仍在不断加深，家庭规模小型化趋势也逐渐呈现。人口老龄化带来的社会、经济、文化影响重大且深远，而房地产市场作为我国的支柱型产业，老龄化对房地产市场的影响更是不容忽视。因此，研究老龄化及家庭结构对住房需求的影响对我国房地产市场具有重要意义。

首先，本书对住房需求及人口相关理论进行分析，并介绍系统动力学在研究房地产市场问题中的适用性及优势，以此采用系统动力学的因果关系理论构建老龄化和家庭结构对我国住房需求影响的系统框架，该框架共分为三个子系统，分别是人口子系统、家庭子系统及住房需求子系统，各个子系统之间既相互独立又相互关联。其次，针对三个子系统分别构建其系统动力学模型：①分析老龄化进程中我国人口规模及年龄结构的演变特征，基于宋健人口发展方程，采用系统动力学方法构建我国人口子系统的系统动力学模型，并基于模型检验进行人口发展趋势的仿真研究；②通过分析我国家庭结构的演变特征，包括家庭规模演变特征及家庭代际结构演变特征，总结影响我国家庭结构演变的主要驱动因素，即人口因素、经济因素、社会因素和家庭生命周期因素，在此基础上构建我国家庭子系统的系统动力学模型，并进行模型检验与仿真；③基于我国住房需求发展的现状及特征，归纳出影响我国住房需求变化的经济因素、人口因素、政策因素和其他因素，采用计量等方法探讨各因素之间的相互作用，构建住房需求子系统模型，并进行检验与仿真。再次，详细探究三个子系统之间的复杂相互关系，将三个子系统进行整合，构建人口老龄化和家庭结构对我国住房需求影响的综合系统的系统动力学模型，并对模型的参数进行设定与校准，以及模型检验与仿真。最后，基于人口老龄化和家庭结构对我国住房需求影响的综合系统，分别在人口、家庭及房地产政策方面进行情景仿真与模拟，并结合日本和美国的国际经验，为我国人口及房地产市场的发展提供相关政策建议。

通过以上分析，得到如下主要结论：①我国未来的人口规模将呈现先增加后减少的趋势，拐点发生于 2023 年左右，峰值约为 14 亿人。老年人口将持续增加，但增加速度先快后慢，且未来人口老龄化仍将是我国面临的重要挑战；②从家庭结构方面看，我国家庭规模将逐渐缩小，近期我国家庭代际结构呈现以 2 代户家庭为主，1 代户家庭和 3 代户家庭为辅的格局。但受生育率降低及家庭观念转变的影响，未来 2 代户家庭的主导地位将有可能被 1 代户家庭取代；③住房需求方面受人口因素的影响，我国住房需求呈现先增加后减少的趋势，且住房供给有望超越住房需求；④通过情景仿真模拟发现，全面放开计划生育政策在使居民生育意愿提高的基础上，将有效缓解我国人口规模下降的趋势，甚至可能保持人口规模的稳定，并且人口老龄化的加深程度也将减缓，这对住房需求的下降具有很好的抑制作用；离婚率的下降会减少家庭户数量，进而降低居民的住房需求；征收房地产税和取消预售均会对住房需求的下降起到抑制作用。综上，本书提出放松计划生育政策、发展养老型住房，基于家庭结构类型优化住房供需结构，加快城市化进程，通过房地产政策调控房地产市场，如征收房地产税和取消预售，并加强房地产市场监管等相关政策建议。

本书得到中国科学院大学汪寿阳教授、李秀婷副教授的大力支持。科学出版社的马跃也为本书的编辑付出了辛勤的劳动。在此，向所有为本书的撰写和编辑提供帮助的老师致谢。

由于作者的学识、水平和能力有限，书中难免存在不足之处，恳请读者批评指正。

作　者

2020 年 10 月

目　　录

第1章 绪 论

1.1 研究背景

人口老龄化已成为众多国家关注的焦点。根据联合国的人口预测，当前65岁及以上的人口约有6亿，到2035年预计将超过11亿，占总人口的13%，这是出生率下降和预期寿命增长的自然结果。老年抚养比，即65岁及以上的老年人与劳动年龄人口（15～64岁）的比值，将增长得更快。预计到2050年，日本每100个工龄人口中就有73个老年人，比2010年增加35个。尽管发展中国家的人口结构相对较为年轻，但由于生育率低于自然替代水平，也开始与老龄化做斗争。我国与发达国家老龄化社会的不同之处在于，我国的人口基数较大（占世界人口的近20%）、收入水平较低、经济发展阶段较晚，因此面临的人口老龄化挑战更为严峻。

老龄化是人口过渡的必然路径，是低生育率、高预期寿命的必然结果（Lee，2003）。我国人口在一个相对较短的时期内经历了一次人口过渡，具体来看可分为三个阶段：死亡率主导阶段（1949～1970年）、生育率主导阶段（1971～1999年）、加速老龄化阶段（2000年以来）。1949年中华人民共和国成立后，我国的医疗卫生条件得到明显改善，死亡率大幅下降（Kincannon et al.，2005）。在1978年经济改革的同时，我国经历了复杂的社会经济发展（Thompson，2010）。此外，由于20世纪70年代末实施的计划生育政策，我国总和生育率从1970年的6（指育龄妇女平均生育6个子女）下降到1991年的2.1，到2000年总和生育率降到了1.7。生育率和死亡率的降低，以及人口预期寿命的延长改变了我国人口的年龄结构。我国人口老龄化达到了前所未有的水平。2000年，我国65岁及以上老年人的比例达到总人口的7%，表明我国已进入老龄化社会（老龄化社会的定义为：65岁及以上人口占总人口的比例达到7%～14%）。人口老龄化的到来，标志着我国失去第一个人口红利。为了应对这一变化，政府也陆续出台了相关政策。例如，2014年放开单独二孩政策，即允许至少有一方是独生子女的夫妻生育两个孩子；2016年，全面放开了二孩政策，即所有夫妻均被允许生育两个孩子，并鼓励生育二孩。但是到目前为止，这些政策的影响有限（翟振武和李龙，2015）。2017年，我国老年人口占总人口的比例上升到11.38%。根据联合国人口预测，我国将在不到20年的时间内成为一个超老龄化国家（即65岁及以上人口占总人口的比例超过20%）。老龄化的增长超过了经济发展和社会保障体系的增长，这将给老年人、居民家庭及社会带来巨大的压力（蔡昉，2012），并将影响劳动力市场、居民储蓄和消费模式、居民的住房及交通等方面（He and Wen，2017；Harper，2014）。在老龄化进程不断推进的过程中，我国家庭规模（即平均每户家庭的人口数）也发生了重大变化，经历了先增加后减少的变化过程，从20世纪70年代开始，我国家庭规模向着小型化的趋势转变。1953年，我国平均家庭规模为4.33人/户，到1973年增加到了4.81人/户，之后开始下降，2017年，我国平均家庭规模为3.03人/户。与此同时，我国家庭结构也在不断发生变化，家庭代际结构不断简化，多代同居家庭数量减少，单身家庭、独居家庭、离婚家庭数量增多（胡湛和彭希哲，2014；李汉东等，2018）。家庭规模及结构的不断变化对能源消耗、经济发展、家庭储蓄率、住房需求等方面都会产生重要影响（沈可和史倩，2018；傅崇辉，2016；Bick and Choi，2012）。总体来看，近年来我国人口结构呈现出人口老龄化和家庭户小型化两个特征。

房地产市场作为我国的支柱型产业，对我国社会经济的发展具有至关重要的作用。我国经历了长达十年的房地产市场繁荣时期。《中国统计年鉴》显示，2004～2014年，我国房价持续以年均10.7%的速度增长，是1998～2003年的3.92倍左右。房价的快速上涨可归因于住房需求和住房供给两方面。在住房需求方面，公共住房分配制度的终结和城镇化过程中流动人口的增加带来了大量的住房需求（Wu et al.，2012）；此外，从过去十年的经验来看，住房投资回报率高于其他投资回报率的特点推动了大量投资型需求的增加。在住房供给方面，限制土地供应的相关政策导致了土地供给不足，房价大幅上涨（Brueckner et al.，2017；Wu et al.，2012）。在现代经济中，住房需求占总需求的很大一部分，也占个人投资的很大一部分。因此，研究房地产市场的发展对国民经济和金融市场的稳定起着至关重要的作用。针对我国房地产市场的发展情况，政府多次出台相关政策进行调整，试图稳定房地产市场的健康发展，虽然取得了一定成效，但多数政策仅呈现出短期效果，这归咎于政策主要是通过对住房供给的调控进行调整，即限制土地供应，却忽视了住房需求在我国房地产市场中的作用。对住房需求最重要的长期影响因素是人口，人口结构对住房需求的总量及结构均会产生重要影响。尤其是在目前我国面临的人口老龄化及家庭户小型化的背景下，二者对住房需求的影响机理及未来趋势甚为重要。

住房需求的最基本单元为人口，人口的变化必然会影响住房需求的变化。首先，从人口数量上来看，人口规模会对住房需求的总量产生影响。然后，从人口结构上来看，人口老龄化社会的到来及老龄化程度的加深，又会直接或间接地作用于住房市场。我国人口结构正呈现出老龄化程度越来越严重的特征，老年人口比例的增加对房地产市场的需求产生了重要影响，老年人口对住房类型的需求也具有其独特性。最后，从家庭方面来看，家庭结构及规模的变化对住房需求又是一个重要挑战。可见人口老龄化、家庭规模和结构等影响因素开始在住房需求中扮演越来越重要的角色。因此，基于我国老龄化及家庭结构等人口因素的变化情况，分析我国住房需求的发展趋势，从而探究我国住房市场的发展方向，拟为我国房地产市场的平稳、健康发展提供政策建议，对我国房地产市场的发展来说至关重要。

1.2 研究内容

本书主要基于复杂系统理论研究人口老龄化和家庭结构对我国住房需求的影响，拟从以下四个方面进行分析。

1）分别总结住房需求、老龄化和家庭结构对住房需求的影响及采用系统动力学（system dynamics，SD）研究房地产的文献

通过系统、全面地总结相关文献，本书从住房需求、老龄化和家庭结构对住房需求的影响及采用系统动力学研究房地产四个方面进行文献分析，并对已有文献进行评述。住房需求分别从住房需求总量和住房需求结构两个方面进行分析。在老龄化对住房需求的影响方面，国内外学者尚未达成统一意见，存在正向影响、负向影响及长短期不同影响等几种观点。在家庭结构影响住房需求的研究中均认为家庭规模负向影响住房需求，但多数学者将家庭规模作为控制变量进行研究，且未对其影响机理进行分析。目前采用系统动力学研究房地产市场的适用性已经得到认可，但研究方向多集中于城市住房系统及预警等方面。

2）理清人口老龄化与家庭结构对住房需求影响的理论机理

鉴于我国目前人口老龄化的速度加快，家庭结构呈现出家庭户小型化的特征，本书在详细分析老龄化与家庭结构的基础上，构建了人口老龄化与家庭结构对我国住房需求影响的理论机制。在人口老龄化方面，主要通过人口老龄化的直接、间接效应对住房需求产生影响；在家庭结构方面，主要通过家庭户规模、家庭户数及家庭结构对住房需求产生影响。理论模型的构建以期为后续章节的实证模型的构建提供系统框架。

3）分别构建人口子系统、家庭子系统、住房需求子系统及综合系统

由于房地产市场本身具有的复杂性及老龄化与家庭结构对住房需求的复杂影响机制，本书拟运用系统动力学的方法分别构建人口子系统、家庭子系统及住房需求子系统，最后将各子系统进行整合构建综合系统。一方面，将各子系统分开研究，以便于把其运用到房地产领域的其他研究或其他领域中；另一方面，将各子系统进行整合后的综合系统又能反映老龄化和家庭结构对住房需求影响的内在机理及发展趋势。

4）基于我国人口及房地产市场现状的政策建议

通过构建老龄化及家庭结构对住房需求影响的理论机制和系统动力学仿真模

型，预测未来我国人口老龄化和家庭规模的走势，以及未来住房需求的发展趋势。同时通过制定不同人口政策及房地产政策，进行情景模拟，以期为政策调控效果提供建议。

本书的研究框架图如图1.1所示。

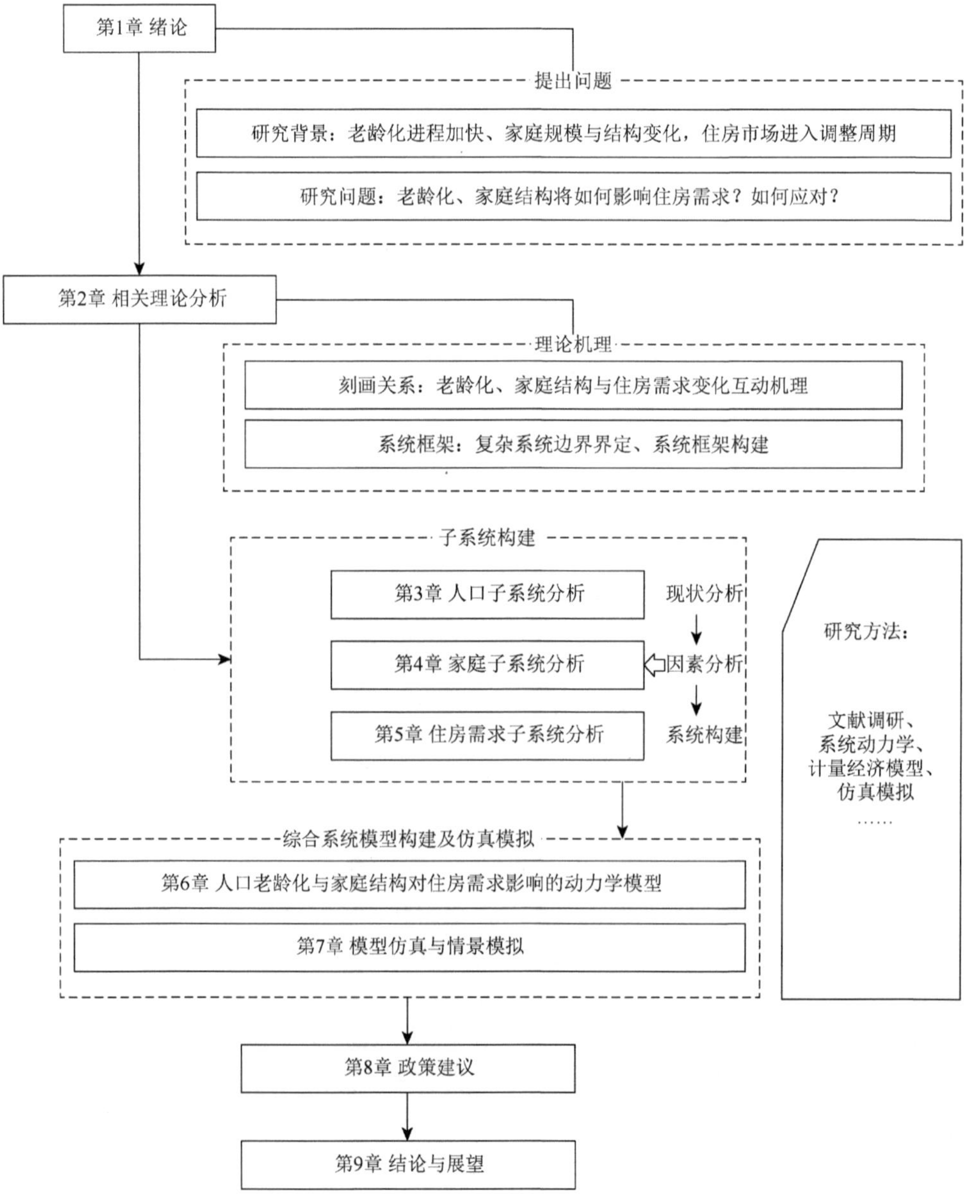

图 1.1 研究框架图

第 2 章　相关理论分析

影响住房需求的因素众多，人口因素在其中起着不可替代的作用。老龄化与家庭结构作为人口结构因素，对住房需求的影响也日益显著。我国目前面临着严峻的人口老龄化问题，且老龄化以明显高于发达国家的速度逐步推进。与此同时，出生率及死亡率的降低导致家庭结构逐步呈现出家庭户小型化的特点。老龄化及家庭结构对住房需求的影响存在着复杂的作用机制，本章首先对住房需求和人口相关理论进行分析，并介绍系统动力学相关理论，为后面章节的主要研究方法做铺垫；然后，探讨采用系统动力学方法研究我国住房需求的适用性；最后，构建老龄化与家庭结构对住房需求影响的理论机理的系统框架。

2.1　理 论 基 础

2.1.1　住房需求相关理论

1. 住房需求的概念

需求是指在一个具体时间段里，人们按照各种价格标准愿意而且能够进行购买的某商品数量。其中“愿意”是指主观方面的需求，而“能够”则是具备购买该种商品的经济能力。Muth（1960）为“非农住房需求”做出了定义和阐释，代表着住房需求研究的开端。Muth 指出可以用对住房服务的需求代替居民的住房需求，也就是说住房和普通商品有所不同，住房是一种可以自由进行分割的同质服务，所以将“单位时间内单位住房存量提供的服务数量”作为住房服务的定义。最开始的研究都未将住房具有的特殊性考虑在内，西方学者对住房需求的研究在1980年前都围绕着推测住房需求的价格弹性与收入弹性方面展开，其原因在于当时的学者主要利用住房存量的方式对住房需求进行估算，并未将其当作一种可以直接度量与观测的变量。1980年后，学者在研究过程中逐渐发现住房具有坚实耐用、无法分割与空间固定的独特性，从而意识到不能用住房服务代替住房需求，因此将微观家庭偏好作为主要研究内容。住房需求如同一般商品，消费者的预算与偏好对其起决定性作用，住房面积就是消费需求中的消费量。因此，住房需求可以作为一种直接进行度量的变量而存在。

在本书中，对住房需求进行如下定义：本书中的住房需求从类型上来看，仅指商品房住宅的需求，而不包括非商品房住宅的需求，是居民为了满足居住需求和投资需求等各类需求而产生的住房购买。

2. 住房需求的类型

按照不同角度对住房需求的分类有所不同。

1）按照时间段划分

住房需求按照时间段划分，包括当前需求与未来需求。其中当前需求主要是指在当前市场经济条件下，消费者既有买房的意愿也具备经济支付的能力。而未来需求主要是指在当前市场经济条件下，消费者有买房的意愿而暂时不具备经济支付的能力（Lindh and Malmberg，2008）。

2）按照购买目的划分

住房需求按照购买目的划分，包括自住型需求与投资型需求。其中自住型需求主要是指消费者出于自我居住的动机来购买房产。而投资型需求主要是指消费者在房产具有保值或升值价值的情况下，通过购买房产的形式进行投资，以此来赚取差价利益。本书将自住型与投资型两种需求共同归纳到住房需求的研究中。

3）按照居住目的划分

住房需求按照居住目的划分，包括居住型需求与改善型需求。其中居住型需求主要是指消费者出于生存目的来购买住房。改善型需求主要是指生存目的实现后，消费者为了获得更好的居住环境与生活品质而购买房产，此时会在住房面积、房屋品质和户型环境等细节处有较高的要求。在本书中，居住型需求与改善型需求也都在研究范围之内。

4）按照经济发展划分

住房需求按照经济发展划分，包括个人需求与社会需求。其中个人需求主要是指在一定时期内，消费者家庭或个人有买房意愿也具备支付能力情况下的购房数量。而社会需求主要是指在固定的社会范围中存在的住房需求总量，也就是在固定时期和固定范围内，消费者有买房意愿也具备支付能力的情况下的购房总量（许云华等，2011）。

3. 房地产供求理论

在市场运行过程中，供求理论是应遵守的基本理论，在房地产市场中，供求理论也作为价格调整和维持运行的核心理论而存在。房地产市场中的需求指的是在价格确定的情况下，消费者有买房意愿也具备支付能力的购房数量。这种需求也同时适用于经济学中的需求规律，即排除其他因素时，住房需求和其价格为反比关系，需求的曲线图呈下降趋势。对房地产需求产生影响的因素有很多种，其中包括收入、政策、预期、房价、人口结构与数量等。房地产供给主要指的是在不同价格下，房地产开发商有提供意愿且具备提供能力的房地产数量。这种供给也适用于经济学中的供给规律，即在排除其他因素时，房地产的供给和其价格为正比关系，供给的曲线图呈上升趋势。

房地产供求关系中主要包括供求均衡、供大于求与供不应求这三种状态。后面两种状态都称为房地产市场的供求失衡，失衡属于市场中的常态，而均衡只是相对存在的状态，只存在于理论之中。房地产供求理论主要包含四个角度：①供求匹配程度。供给总量小于需求总量，也就是卖方市场，这种情况下主动权通常掌握在房地产商手中，会出现房价上涨的现象，购房者都比较被动，在房价不断上涨的情况下还是会产生比较大的住房需求；当供给量大于需求量时，也就是买方市场，这种情况下购房者会有比较多的选择，而房地产商为了提高销量，也可能会将房价降低；②供求结构。不同类型房地产存在不同的供求关系，供求结构主要研究哪类住房处于供不应求的状态，而哪类住房处于供大于求的状态；③供求变动。包括影响住房供给的因素、影响住房需求的因素和能产生供求失衡状态的因素；④解决对策与建议。根据相关影响因素，提出相关对策建议，从而减轻或避免结构和数量方面的供求失衡产生的不良影响。

2.1.2　人口相关理论

1. 人口规模

人口规模也称人口数量，是基于特定时间和地域的限制对社会群体内部人口总数的统计，是了解人口增速、人口结构及其他数量特征的重要指标，能够不同程度地影响生产规模和消费水平。因此，在规划社会经济发展过程中有必要对人口的发展趋势进行预测。

人口数量的变化由自然变动和机械变动两种原因造成。人口自然变动对人口数量的变化起决定性作用，人口机械变动是对人口的二次分配，以地域范围内的人口数量为主要作用对象。人口变动表现在多个方面，例如，人口数量增减、年龄结构变化、性别结构变化等。人口自然变动以出生和死亡为根本原因，从规模和速度两方面决定人口再生产，对社会经济发展起到促进或延缓的作用。一般意义上，人口自然变动的衡量标准表现为年人口自然增长率。人口机械变动指人口流动或人口迁移，即空间范围内的人口移动行为，例如，以定居点转变为特征的永久性移动和暂时性移动。人口迁移是人口数量的二次分配过程，将对区域范围内的人口数量和结构造成影响，对地域性人口规模的扩张或缩小产生重要影响，是影响地区经济发展的决定性因素。人口机械变动的衡量指标主要是机械增长量或者机械增长率。我国人口迁移的主要特征为迁移距离较短，主要是相邻省份之间的迁移，而且一般情况下经济发达地区为净流入。从空间分布角度对城市群的发展产生了间接促进作用，对邻近城市地区的经济发展和消费升级产生了刺激作用。高校毕业生和农民工是人口迁移的两大主力，其通过以下方式完成机械变动：①以购房等方式将户籍由农村迁移至城市；②城市行政区划变动使区域人口的户籍被动迁移；③个体出于务工、经商等目的向城市迁移，但户籍不发生变化。

2. 人口结构

特定时间及某一地域范围内的人口的结构变化、数量变化是人口结构研究的对象。以人口结构因素的特点为依据，人口结构的研究种类可分为三种：人口自然结构、人口社会结构及人口地域结构。

1）人口自然结构

将人口自然结构分为性别和年龄两种结构。其中，人口的性别结构为特定时间和地域范围内，男性人口与女性人口的比例关系，衡量标准通常为性别比。人口年龄结构即特定时间和地域范围内的人口年龄分布状况，按照年龄顺次划分年龄组并分别统计各年龄组的人口比例及相互关系。一般情况下，年龄组包含三个部分：0～14岁为少儿人口、15～64岁为劳动人口、65岁及以上为老年人口。年龄结构以抚养比为主要衡量依据，从出生、死亡、迁移等方面对人口变动发挥直接作用。抚养比即抚养系数，由非劳动人口与劳动人口的数量相比得到，抚养比主要包括少儿抚养比和老年抚养比。总抚养比较大意味着劳动人口占比较小，此时整个社会的生产力降低，进而将引发住房市场需求的变动；老年抚养比的增加也会从各种角度引发住房需求的变化。

2）人口社会结构

人口社会结构也可以称作人口社会经济结构。人口社会结构包含了众多方面，主要有家庭结构、收入结构、教育结构及职业结构等。家庭结构主要包括家庭规模，即家庭中人口的数量，同时也包括家庭代际结构，即家庭中包含的代数，家庭规模和家庭代际结构的主要衡量指标为户均人口规模和家庭户代际数量。家庭转变即家庭结构与家庭规模发生变动的过程。依据家庭转变理论（Burch，1967），家庭转变过程随社会经济发展尤其是人口转变同步发生，生育率水平的降低也会引发家庭转变。人均收入以国家为研究范围，指基于人口总数的特定时期（普遍为一年）的国民人均收入占有量。人均可支配收入反映了居民购买力，因此，一般将人均可支配收入作为个人消费水平的主要衡量指标。教育结构主要用文盲人数及受教育人数来衡量。人口职业结构主要研究在业人口的行业和职业关系。

3）人口地域结构

人口地域结构指在特定时间限制下，以地理空间为依据的人口分布和构成关系，可进一步细分为自然地理结构、行政区域结构及城乡结构。其中，人口自然地理结构以自然地域为研究依据，将人口密度作为主要衡量指标，反映人口分布状况。人口密度指的是单位面积即每平方公里土地承载的人口数量。人口密度的增长将扩大消费需求，由此可见，人口密度对当地的经济状况、消费水平等具有一定的影响力和反映力。人口行政区域结构以行政区划为依据研究人口分布状况，主要衡量指标为地区常住人口。常住人口对地区消费程度有巨大的潜在影响力。人口城乡结构指特定地域范围内的城乡人口比例关系及相互关系，是了解国家或地区经济发展水平的重要依据。城乡结构的变动与人口城市化、城乡人口制度、社会结构、经济供求状况等多项内容有直接的作用和影响关系。一般情况下，人口城乡结构的主要衡量依据为城镇化率，城镇化率由特定地域范围内的常住城镇人口与常住总人口相比得到。

基于本书的研究主题及数据可获得性等因素，将人口规模、人口自然结构中的老龄化和人口社会结构中的家庭结构作为本书的主要研究对象，并考察两者对住房需求的影响机理。

3. 人口转变理论

人口转变理论是1909年法国人口学家 Landry 提出的观点，并于1934年发布（Landry，1934）。Landry 在西欧人口与经济资料的基础上，综合研究人口出生率、人口死亡率与经济发展的关系，得到以生产力为代表的经济因素与人口发展有着密切影响关系的结论。因此，Landry 将人口发展划分为原始、中期和现代三个阶段。原始阶段介于史前时期与新石器时期之间，这一阶段的生产力水平极低，经济因素影响人口发展的主要渠道是死亡率，在生育率方面没有明显作用。生活条件差、生活资料少，使死亡率尤其是婴儿的死亡率居高不下，面对此种情况，唯有选择提高生育率来补充人口数量，增加劳动力。所以，此阶段的人口再生产类型特点为生育率高、死亡率高、自然增长率低。中期阶段介于新石器时代与中世纪之间，此阶段的社会经济发展成效显著，生产力水平明显提高，人们为了保持优越的生活质量，选择晚婚或者不婚，由此导致人口生育率较之前一阶段发生断崖式下跌。现代阶段，工业革命带动生产力水平迅速腾飞，医疗水平伴随社会经济的发展持续优化，死亡率得到有效控制。另外，生活水平的提升、现代观念的发展都提高了人们落实生育限制的自觉性，因此生育率持续走低甚至下降，人口再生产的特点表现为生育率低、死亡率低、自然增长率低。Thompson（1929）正式提出人口转变理论，并通过划分世界人口增长模式的方式对人口发展的三个阶段进行划分：第一阶段，生育率与死亡率同步居高，典型代表为亚洲和非洲；第二阶段，生育率和死亡率同步下跌，典型代表为意大利和中欧各国；第三阶段，生育率和死亡率同步快速下跌，典型代表为西欧各国。

人口转变的广义概念主要包括人口再生产模式现代化、人口再生产机制现代化、人口素质现代化及人口变迁分布现代化等内容，换言之，人口发展制度从数量控制逐步转变为质量控制（刘传江和郑凌云，2002）。在计划型人口转变落实过程中，要综合实现降低人口增长速度、优化人口质量、升级人口结构等目标，进一步加深人口均衡程度。人口转变主要通过人口的数量、素质、结构、分布、迁移流动等变化影响经济发展，其中需要高度关注人口结构的影响作用。房地产市场既然是经济领域的关键成分，就必然会随人口转变而发生变化。

4. 生命周期理论

在研究生命周期理论起源的过程中，学者提出了仿生学、市场学、社会学、经济学等多种生命周期理论的起源。家庭生命周期理论和生命周期消费理论与本书的联系较为密切，以下对此进行重点叙述。

家庭生命周期理论以家庭形成至消亡的过程为研究对象，以规律的形式反映各阶段的家庭特征和家庭需求变化。1947年，Glick 提出了相对清晰完整，且被广泛认可的家庭生命周期理论模型（Glick，1947）。根据 Glick 的家庭生命周期理论，家庭生命周期可分为与各阶段对应的六个时期：形成阶段对应新婚期、扩展阶段对应子女生育期、稳定阶段对应子女就学期、收缩阶段对应子女青春期、空巢阶段对应子女离家期、解体阶段对应父母老龄期。家庭生命周期的阶段划分以人口变化为主要依据。家庭成员的年龄变化是家庭特征与家庭需求呈现典型阶段性特征的主要原因。通过综合研究人口因素与家庭发展过程，家庭生命周期理论深化了家庭成员的年龄、收入、就业等家庭特征影响住房需求这一观点的说服力。在社会生活中，家庭是呈现持续性特征与持久性特征的基础性构成要素。所有的家庭在其生命周期中都要经历自形成至消亡的不同阶段。各家庭之间的生命周期阶段存在差异，在人口数量、年龄结构、收入水平等方面也具有明显不同，因此其住房需求也具有显著差别。

Modigliani（1996）等是生命周期消费理论的创始人，他们假设消费边际收益呈连续下降的趋势，当前收入与未来收入同时对消费者的消费决策产生影响。因此消费者在计划消费开支时会跨越时间，以确保实现生命周期内的最佳消费配置。生命周期消费理论将人生的收支平衡作为虚拟设定，并按照少儿时期、成年时期和老年时期进行划分。通常意义上讲，处于少儿时期的人，收入几乎为零，故此阶段消费高于收入；进入成年时期后，收入水平持续提升，收入高于消费，同时消费占收入的比重持续下降，储蓄率获得明显提升；处于老年时期的人，以退休金作为主要收入来源，收入水平下降到消费水平之下，负储蓄状态再次开启。与此同理，家庭在形成和发展早期，面临住房、家具、日用品等多方面的消费支出，并且消费水平随着子女的出生不断提高，与之伴随的是收入水平较低，储蓄率呈负值状态；随着家庭成员的年龄增长，夫妻收入水平提升，子女进入工作阶段，家庭收入水平提高，家庭储蓄不断扩大；夫妻进入老年阶段后，收入水平下降，原有储蓄、退休金及子女赡养费成为主要的生活收入来源。受身体机能降低的影响，医疗支出水平持续提升，最终家庭储蓄可能清零甚至负债。因此，对个人或家庭来说，所有支出都受到当前收入和整个生命周期中各种收入的共同影响。

在经济、政治、社会、环境、技术等众多领域，生命周期理论的应用表现出广泛而频繁的特点。生命周期理论在研究房地产市场的过程中同样具有重要价值。处于不同生命周期的家庭和个人具有不同的消费和投资决策，因而会产生不同的购房需求。居民或家庭会根据对当前的收入、储蓄水平、未来收入水平和养老保障的衡量，做出是否购买住房的决策。

2.1.3　系统动力学

1. 系统动力学简介

系统动力学创立的最初目的是研究员工的入职及离职情况与企业管理的关系，以及股票不稳定性特征的影响因素等问题。之后，系统动力学扩展到了更加广泛的范围，如学习型组织、项目管理、供应链管理等领域，并取得了良好的效果。我国开始研究系统动力学的时间稍晚一些，20世纪70年代成立了属于我国的系统动力学学会，进而将系统动力学扩展到国内相关研究领域，使系统动力学学科发展得更加壮大。

系统动力学从系统的角度对问题进行研究，它将定性分析与定量研究结合在一起，从而具有处理高阶、复杂、时变系统的能力，同时系统动力学的反馈控制是其独特的特点。最初，系统动力学依靠 Dynamo 的编程语言进行模型构建，在国内外学者的共同努力下，如今已经形成了可视化较强的仿真软件，如 Vensim、Powersim、iThink 等，减少了编程过程中的大量工作，极大地简化了模型构建过程。系统动力学主要包括以下重要内容。

1）系统边界

系统边界主要指在研究系统及建模时的边界范围，即需要考虑的因素均包含在系统边界内。由于研究问题的不同，研究的对象也不相同。此外，研究同一对象也会存在研究侧重点的差异，因此即使研究同一问题，其系统边界也必定存在差异。界定系统的边界需要具有一定的原则，主要包括：将与研究问题相关的变量加入系统内部，与研究问题不相关或者不予研究的变量放到系统外部；在系统内部，系统中的反馈环必须具有完整的闭合回路；在对模型进行定量分析时，需要同时考虑定性、定量分析以确保模型与现实世界的拟合度更高。综上，在系统边界的确定过程中有两个重要因素：关键因素的涵盖及不相关因素的排除。

2）因果链和反馈环

作为系统动力学的关键特征，因果关系是必不可少的，正是众多变量两两之间的因果关系互相结合，才形成了众多的反馈关系。同时，因果关系也是系统动力学中定性分析的基础。

各变量之间存在的因果关系的表示方法如图2.1所示。图2.1中左侧表示 A 对 B 具有正向的影响，右侧表示 A 对 B 具有负向的影响。由此可以发现，在系统动力学的因果关系中，不仅存在因果关系的方向性，还存在因果关系的正负性。其中，正向因果关系为正向因果链，负向因果关系为负向因果链。

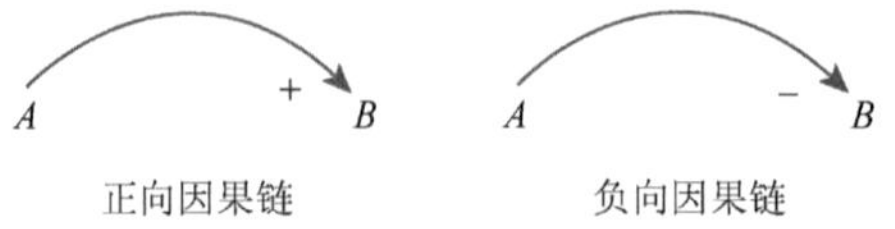

图 2.1　因果链图

系统中众多错综复杂的因果关系和因果链，构成了若干个反馈环。反馈环表示的是一个闭环回路，回路中负向因果链的个数决定了反馈环的极性。负向因果链的个数为偶数时表示正反馈环，负向因果链的个数为奇数时表示负反馈环，如图2.2所示。正反馈环具有增强的作用，负反馈环具有平衡的作用。

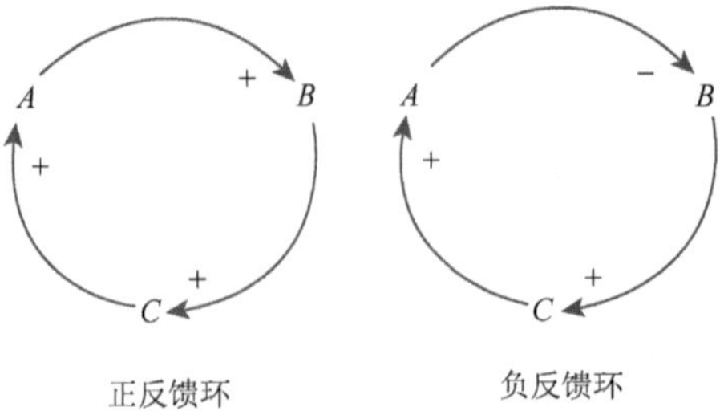

图 2.2　因果反馈环

反馈环体现了系统中各变量的变化对系统整体的影响。在正反馈环中，变量 B、变量 C 和变量 A 之间具有正向的因果关系，这种正向因果关系的最终结果是

变量 A 不断增长；在负反馈环中，变量 A 与变量 B 之间具有负向的因果关系，A 的不断增加会导致 B 的不断减少，B 的不断减少又会使 C 减少，C 的减少也会推动 A 的减少，如此循环，最终结果会形成一个动态收敛的现象。

3）变量

在模型构建过程中，需要对变量的性质、类别及数量关系进行梳理研究。在此基础上，构建变量间的数量方程模型。变量从定性到定量的转换过程，即因果回路图转换为存量流量图的过程。二者包含的关键变量相同，区别在于存量流量图对变量的性质进行了区分，同时对变量的具体数量关系进行了确定。

系统动力学的存量流量图中主要包含以下几类变量。

（1）状态变量：也叫水平变量，属于累计变量，即某变量在某一时间段内的累计数量。

（2）速率变量：主要衡量状态变量的变化过程，变化单位以系统设置的单位为基础。主要体现了存量流量图中的流的概念。

（3）辅助变量：表示对速率变量或其他变量产生影响的变量，其作用在于信息的传递。

（4）流：主要包括信息流和物质流，表示系统中信息或物质的传递过程。

2. 系统动力学建模步骤

在运用系统动力学方法研究问题时的主要步骤如图2.3所示，具体表述如下。

（1）确定系统边界。首先要对研究的问题具有深刻的理解，才能在此基础上确定系统边界，即应该纳入系统的变量及系统最终要实现的目标。

（2）分析系统结构。确定了系统边界及系统中的主要变量之后，就要对模型进行初步的构建。若系统较大，可将系统分为几个子系统分别进行构建，然后将各个子系统整合成一个大的综合系统。

（3）建立模型及参数设定。根据综合系统的架构及各子系统的划分，分别绘制因果回路图和存量流量图，同时设定或计算模型中变量的参数和方程。

（4）检验模型。模型构建完成之后，需要对模型的可行性、现实性、灵敏性等问题进行检验。首先要对模型中变量的单位进行检查，其次要检验模型的运行结果是否与实际情况相符，以确保该模型的构建是可行有效的。

（5）仿真模拟。模型检验通过后，便可对模型进行仿真模拟。仿真模拟主要分为预测模拟及情景仿真模拟，前者主要指对主要变量未来发展趋势进行预测的仿真模拟；后者主要是指设定不同的模型运行条件，如通过改变模型中某一政策变量的值，观察目标变量的变化过程，从而选择最优方案，进而提供政策建议。

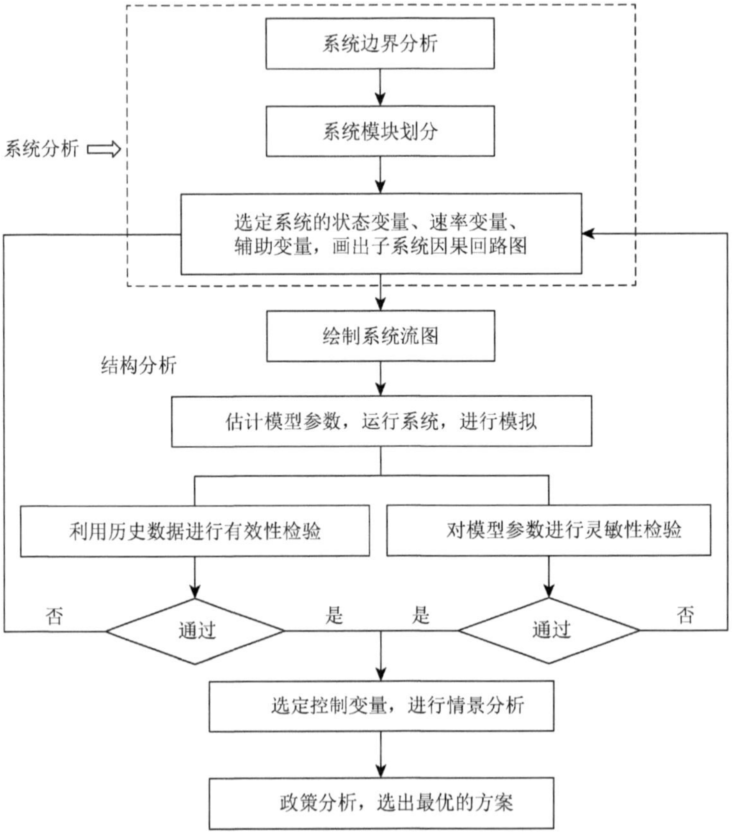

图 2.3　系统动力学模型构建步骤

2.2　系统动力学适用性分析

研究房地产市场的模型主要包括计量经济学模型、投入产出模型、经济控制论模型和系统动力学模型，这四种模型具有各自的优势及局限性。苏懋康（1988）对四类社会经济模型进行了对比，四种模型的形式、主要特点、局限性和主要应用范围等方面的差异如表2.1所示。

表 2.1　四类社会经济系统模型对比

模型	模型创立	模型形式	主要特点	局限性	主要应用范围
计量经济学	1926 年，挪威经济学家 Ragnar Frisch 提出	线性或非线性联立差分方程组	将经济理论、统计学、数学和计算机仿真技术有机地结合在一起	较难获取高质量的经济统计数据；当经济结构等变化较大时，模型难以及时做出反应	经济结构分析；经济政策评价；经济预测，但预测期限不长

续表

模型	模型创立	模型形式	主要特点	局限性	主要应用范围
投入产出	1936 年，俄裔美籍经济学家 Wassily W. Leontief 提出	以投入产出表为核心的代数方程组（静态）或差分方程组（动态）	能清楚地反映各部门间的生产联系，模型简明	较难处理经济活动中的动态问题；没有考虑最终需求的确定及生产与收入之间的反馈关系	是搞好综合平衡的重要工具，主要应用于生产系统的平衡
经济控制论	1952 年，巴黎召开的世界控制论大会上提出“经济控制论”一词	以离散形式的状态空间模型为主	能充分反映国民经济的调节控制机制，充分利用控制理论的现代成果	目前使用的模型还处于开发阶段	能进行各种期限的预测；能进行战略研究和制定最优经济政策；能作为制定五年计划的辅助工具
系统动力学	1961 年，美国麻省理工学院的 Jay W. Forrester 教授创立	带有时滞的一阶微分方程组	能方便地处理非线性和时变现象，能做长期的、动态的、战略性的仿真分析与研究	预测精度不高，较适用于分析、研究系统的结构与动态行为	在制定国民经济的中远期发展规划时做战略研究和政策分析

与计量经济学模型（本质上是数据驱动的模型）不同，系统动力学模型是由因果关系和模拟驱动的基于系统结构的模型。特别地，城市经济学家长期以来一直认为，如果计量经济学模型试图包含特定市场的某些独特或特殊特征（通常是制度特征），它们可能会变得过于复杂或数据不足。纯粹的计量经济学模型也难以结合关键系统参与者的某些行为特征。例如，典型的存量流量模型难以表示中国城市住房市场的重要特征，如投机型住房需求或土地销售/开发干预等。计量经济学的存量流量模型通常是数据密集型的，需要长时间的历史数据集。这使它们难以应用于某些数据不足的情况，更不用说长期效应了。一般而言，计量经济学模型在描述特定要素、因果链及参与者的行为时缺乏灵活性，此外，计量经济学模型可能难以可视化和掌握，这使它们难以与决策者沟通。

通过因果回路图及存量流量图，系统动力学能够将定性分析与定量分析相结合以解释系统的行为。系统动力学在模型构建过程中主要强调系统结构分析及其动态反馈机制，房地产市场系统及人口系统不但内部结构复杂，而且与外界的关联千丝万缕，形成了巨大的复杂系统，加上其动态性、时滞性、非线性及部分详细数据难以获取等特点，一般的计量模型很难将其全面地反映出来，而系统动力学模型在分析这种复杂系统时恰到好处。

综合来说，采用系统动力学研究我国住房需求具有如下优点。

（1）系统动力学具有动态性、系统性、反馈性等特点，而住房需求受众多因素的影响，且各因素之间的互相作用形成了复杂的系统，因此采用系统动力学研究我国住房需求是合适的。

（2）与其他研究方法不同，系统动力学对变量的数量、性质等无限制性要求，它不仅能够处理数量繁多的变量，也可以将定性变量纳入其中，而且善于处理系统内变量之间复杂的内在关系和联系，弥补了其他研究方法的不足，使其在研究住房需求中更为适用。

（3）我国住房市场中的数据可能存在不全或缺失的情况，而系统动力学在处理数据不完整的系统方面具有自身优势，在住房需求中数据缺失的情况下，仍然能较好地构建及拟合模型。

（4）由于我国住房市场在很大程度上受到住房调控政策及其他政策的影响，而政策因素作为定性变量难以用数字刻画，系统动力学对定性变量的转化功能使其对住房市场中的政策因素具有良好的模拟性。

2.3 系统边界分析

将全国的住房市场作为研究对象，由于影响住房需求的因素众多且模型的内部关系错综复杂，需要抓住主要因素，忽略次要因素，搭建合理的模型。本书将老龄化对住房需求影响的复杂系统划分为三个子系统，包括人口子系统、家庭子系统和住房需求子系统。其中，人口、家庭及住房需求三个子系统间既相互独立，又相互关联，将三个子系统分别进行研究，一方面，能够分别理清各子系统内部的运行机制；另一方面，便于将各个子系统加入其他房地产系统中进行研究。

在研究时间的界定方面，本书研究住房市场的发展变化，时间范围确定为2000～2050年，其中2000～2020年采用历史数据进行研究分析，2021～2050年的相关数据通过建立的系统动力学模型预测得出。在空间界定方面，本书选取的是全国范围，因为老龄化对住房市场的影响是全国性的，这样选取可增加研究结果的可信度。在研究对象方面，也做了以下基本假设：首先，本书的研究范围是全国的住房市场，而不是整个房地产市场，因此模型中不涉及商业、写字楼、工业地产等项目；其次，本书研究的重点是我国的商品住房及普通住房，因而不包括经济适用房、廉租房等保障性住房。

对于人口子系统，考虑到老龄化对人口年龄结构的改变，本模型将人口划分为青少年人口（0～14岁）、中青年人口（15～64岁）、老年人口（65岁及以上）三大类结构，然后将每个子结构划分为以5岁为一个年龄段的更细分的结构，从而可考虑人口转变过程中的各年龄段的人口死亡率对该年龄段人口的影响，而大多数文献在研究住房市场模型中的人口子系统时并未将人口进行详细的结构划分。对于家庭子系统，主要分析我国家庭结构及规模的变化趋势，由于该子系统重点关注家庭的变化，因此在该子系统中对人口年龄结构不做年龄段划分，弱化年龄段部分。另外，家庭子系统的家庭户中的人口主要指的是家庭户人口，而不是集体户人口。对于住房需求子系统，本书以全国范围内的住宅商品房市场为对象，将住房需求划分为普通自住型需求、投资型需求、养老地产需求和绿色住房需求，分别研究各类需求的影响因素及各因素的因果关系。各子系统的界定在系统构建时会给予更为详细的说明。

2.4　机理分析与系统框架构建

鉴于房地产市场的长期发展受到人口因素的重要影响，同时基于房地产市场的复杂性及人口及家庭结构的变化特征，构建如图2.4所示的人口老龄化和家庭

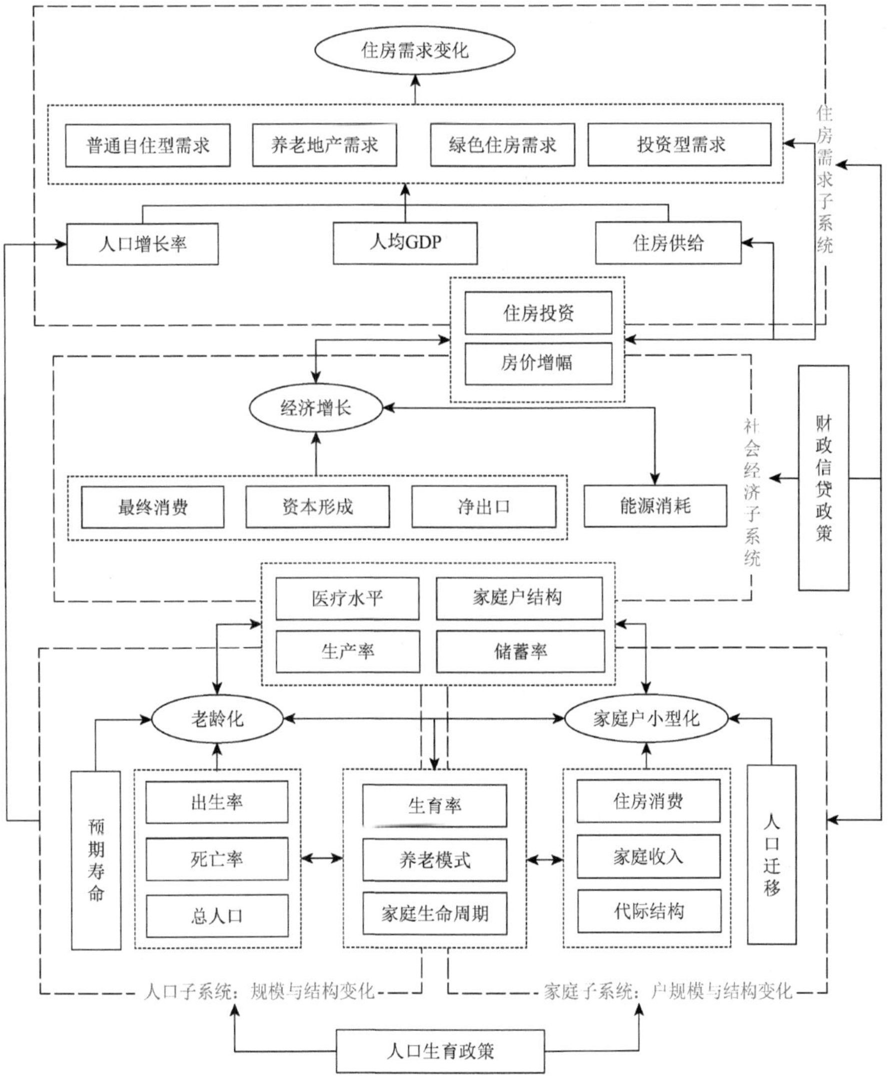

图 2.4　理论机理图

结构对住房需求影响的理论机理图。在第3章～第6章将建立与该理论机理图相应的复杂系统的模型，以验证该理论机理图的合理性。

在该理论机理图中，人口子系统刻画人口规模与结构变化的规律，输出人口规模、人口增长率和各年龄人口结构（包含老龄化）等指标，作用于住房需求。家庭子系统刻画不同生命周期家庭的生育决策、住房消费决策及代际结构（是否考虑多代同住）决策等，输出家庭规模、家庭户结构等指标，以对住房需求子系统产生影响。住房需求子系统刻画住房需求的变化过程，包括居住型需求（普通自住型需求、养老地产需求）、绿色住房需求、投资型需求，其中，普通自住型需求包括适龄结婚购房人口的刚性需求（主要指25～34岁居民）及居民改善型需求（主要指45～54岁居民）。另外，本书中将社会经济子系统作为外生变量考虑。社会经济子系统刻画宏观经济各项指标的变化，与人口子系统共同输出人均国内生产总值（gross domestic product，GDP）等指标，作用于住房需求子系统；与家庭子系统共同输出家庭可支配收入等指标，作用于住房需求子系统。同时，考虑到房地产市场受到众多财政信贷政策的影响，将政策因素在模型中进行考虑，并将财政信贷政策作为外生变量进而影响各个子系统。

第3章 人口子系统分析

人口因素对住房需求至关重要，目前人口结构的重要特征是人口的老龄化，伴随着出生率、死亡率的降低，我国人口老龄化的程度也在持续攀升，且近年来呈现老龄化加速的状态。人口发展过程中，人口规模将如何变化、老年人口将呈现何种趋势、人口结构将如何发展，都是值得关注的问题。因此，本章拟基于宋健人口发展方程，采用系统动力学方法对其进行修订，构建人口子系统，并仿真模拟未来30年我国的人口走势及老龄化发展趋势，进而在第6章通过老龄化发展趋势研究其对住房需求的影响。

3.1 老龄化进程中我国人口规模与结构演变特征分析

自中华人民共和国成立以来，我国人口规模与结构发生了巨大变化。不仅表现在人口数量的变化上，而且人口结构，尤其是人口老龄化的发展趋势也十分明显，具体如图3.1所示。总的来看，受出生率、死亡率的影响，我国人口规模不断增长，且增长速度先快后慢，即我国人口的增长模式从“高出生、高死亡”的低增长模式，转变为“高出生、低死亡”的高增长模式，再向“低出生、低死亡”

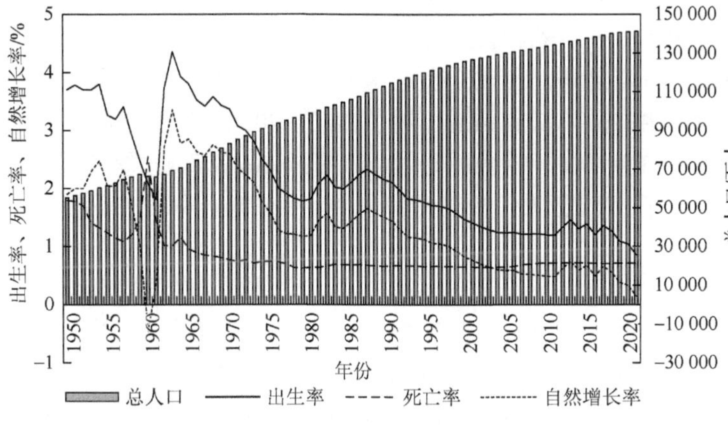

图3.1 我国人口变化趋势图

数据来源：国家统计局

的低增长模式转变。我国人口出生率不断起伏变化，因此出现了几次“婴儿潮”时期。1950～1957年出现了第一次“婴儿潮”，在此期间我国年平均人口出生率为35.9‰，新增人口达到了2100万人。第二次“婴儿潮”，也就是1962～1971年，我国人口出生率为36.1‰，共出生了2.71亿人口。1986～1990年，出现了第三次“婴儿潮”，第三次“婴儿潮”主要受到第二次“婴儿潮”出生人口的影响，即第二次“婴儿潮”时期出生的人口到了婚育年龄，从而催生了大量的新生婴儿，在此期间，我国人口出生率平均约为21‰，第三次“婴儿潮”期间共出生了2.74亿人口。

具体来看，1950～2020年，我国总人口从5.52亿人增长到了14.12亿人，人口总量增加了1.56倍。在这个过程中，我国人口出生率和自然增长率表现出起伏变化的状态。1950年，我国人口出生率和人口自然增长率分别为37‰和19‰，而1953年的第一次全国人口普查数据显示，当时我国的人口出生率和死亡率分别为37‰和14.37‰，人口自然增长率为22.37‰。在这三年期间，人口出生率几乎无变化，而人口死亡率降低。这是中华人民共和国成立后，社会经济的发展、人民生活的改善、医疗技术和科技水平的进步，使死亡率降低，居民预期寿命提高。死亡率的降低使人口自然增长率增高，导致这段时间人口的急剧增长，完成了从低增长到高增长的人口模式的转变。到了1960年，我国人口自然增长率出现了负增长的情况（–4.57‰），此时的人口死亡率为25.43‰，导致这一现象的原因主要是1959～1961年的“大饥荒”。到1963年，人口出生率增加到了近几年的最大值，为43.6‰。之后，我国人口出生率在1963～1980年急剧下降，人口死亡率总体呈现缓慢下降的趋势。20世纪70年代，我国推行了计划生育政策，以有效控制我国人口的增长。1979年，我国总人口数量为9.75亿人，此时我国人口的出生率、死亡率及自然增长率分别为17.82‰、6.21‰和11.61‰。此后我国人口出生率虽然中间略有波动，但总体上呈现出下降趋势。相比于发达国家，我国人口出生率降低速度较快，我国的人口出生率由37‰降低到14‰仅用了1950～2000年这50年的时间，而发达国家和地区却用了230年的时间达到同样水平。根据2020年国家统计局数据显示，我国人口总量达到了14.12亿人，出生率降低到了8.52‰，死亡率为7.07‰，自然增长率为1.45‰。

在人口出生率和死亡率发生变化的同时，我国的人口结构也发生了变化，主要表现在老年人口占比的增加及少年人口占比的减少，如图3.2所示。从图3.2中可以发现，自1990～2010年，我国劳动年龄人口（15～64岁）和老年人口（65岁及以上）所占比重均呈现增长趋势，但增长幅度并不明显。从我国六次人口普查的结果中可以看出人口年龄结构的具体变化情况：第一次人口普查（1953年）时少儿人口（14岁及以下）占比为36.28%、劳动年龄人口（15～64岁）占比为59.31%、老年人口（65岁及以上）占比为4.41%，第二次人口普查（1964年）时三个年龄段的人口占比分别为40.69%、55.75%、3.56%，第三次人口普查（1982年）时三个年龄段的人口占比分别为33.60%、61.50%、4.90%，第四次人口普查（1990年）时三个年龄段的人口占比分别为27.69%、66.74%、5.57%，第五次人口普查（2000年）时三个年龄段的人口占比分别为22.89%、70.15%、6.96%，第六次人口普查（2010年）时三个年龄段的人口占比分别为16.60%、74.53%、8.87%。可以看出，在老年人口的比重不断增加，少年人口比重不断减少的同时，劳动年龄人口的比重也在增加，这段时间我国也经历了人口红利时期，劳动力及经济水平均呈现高速发展的趋势。2010年之后，我国人口红利现象逐渐消失，且在2014年，我国劳动年龄人口数量及其占比首次出现下滑，2013年我国劳动年龄人口数量为10.06亿人，占比为73.92%，而2014年我国劳动年龄人口数量为10.05亿人，占比为73.45%。随后几年，劳动年龄人口比重持续下滑，到2020年，我国劳动年龄人口占比为68.60%，与2013年相比共下滑了5.32个百分点，平均每年下滑0.74个百分点。

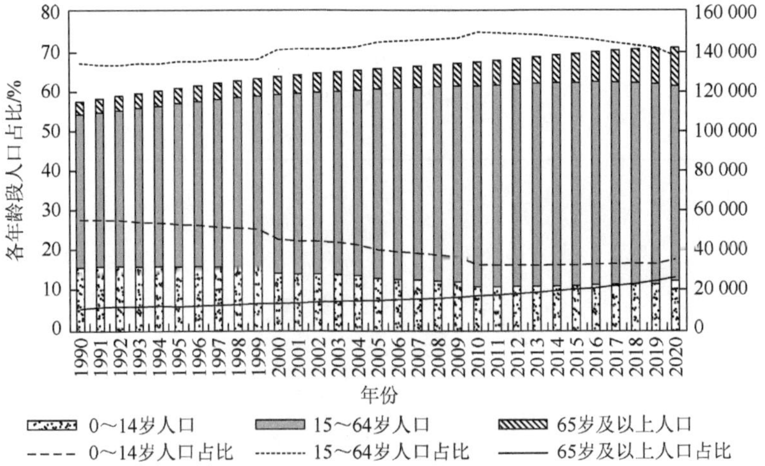

图 3.2　我国人口年龄结构变化趋势图

数据来源：国家统计局

在人口结构转变过程中，我国人口年龄结构逐渐由成年型向年轻型进而向老年型转变，如图3.3～图3.5所示的我国分年龄性别人口金字塔的变化趋势。从图3.3中可以发现，1950年我国人口金字塔呈现底部厚、顶层尖的标准金字塔形式，少儿人口占比较高而老年人口占比较低。2010年，受出生率降低、死亡率降低的影响，人口金字塔发生转变，少儿人口占比减少，青年人口占比增加，1950～2010年我国经历了人口红利时期。2019年，我国人口金字塔进一步向顶层转移，“倒金字塔”的趋势越来越明显，老年人口比重越来越大。与此同时，我国也逐渐迈入了老龄化社会，老龄化程度逐渐加重。

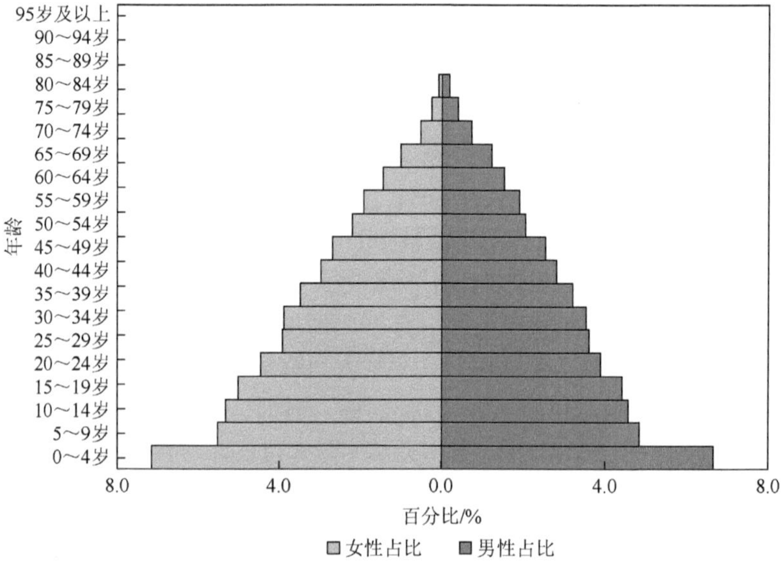

图 3.3　1950 年我国分年龄性别人口金字塔

数据来源：国家统计局

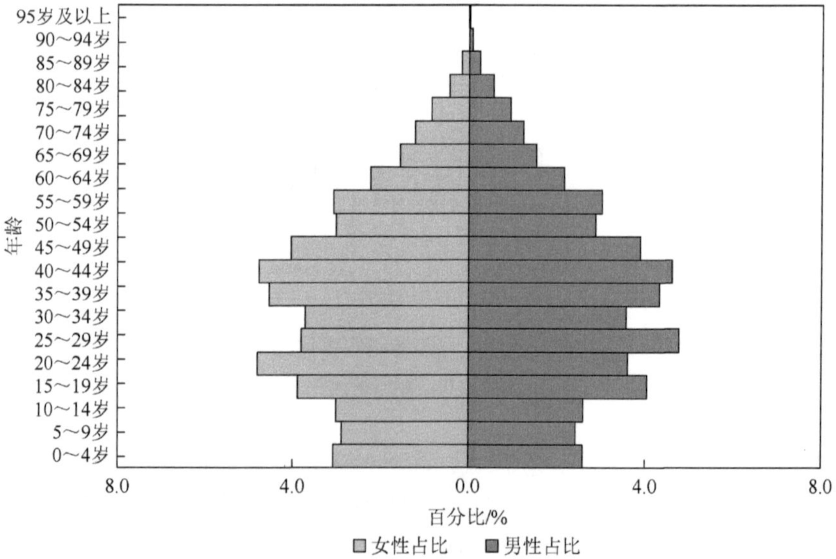

图 3.4　2010 年我国分年龄性别人口金字塔

数据来源：国家统计局

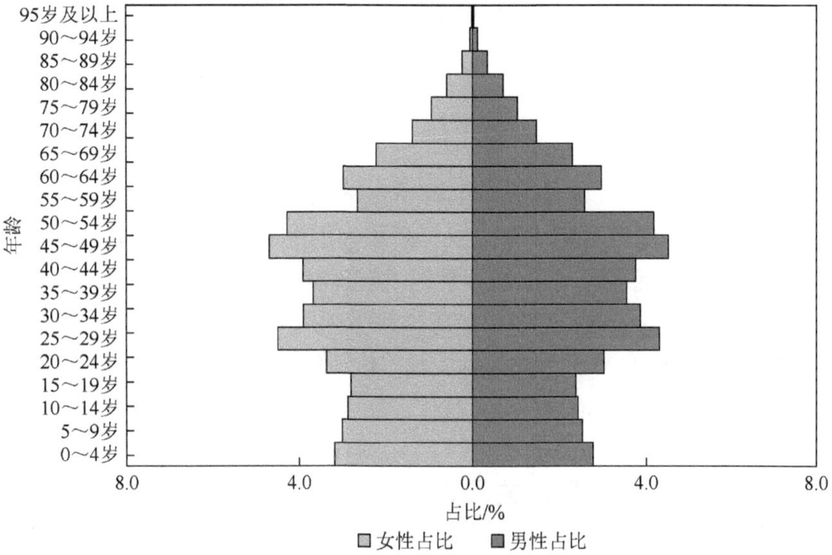

图 3.5　2019 年我国分年龄性别人口金字塔

数据来源：国家统计局

1956年，联合国在《人口老龄化及其社会经济后果》中指出“当某一国家或地区60岁及以上人口占比超过10%，或者65岁及以上人口占比超过7%时，则说明该国家或地区进入老龄化社会”。按照该国际通用规定，2001年我国65岁及以上人口占比达到7.10%，即2001年我国已经进入老龄化社会，且老年人口占比不断增加，老龄化程度也在不断加深。2020年，我国老年人口（65岁及以上）占比已经达到13.50%，逐渐向深度老龄化社会发展。

3.2　人口结构演变的驱动因素分析

3.2.1　宋健人口发展方程

宋健等（1980）建立了分年龄段的人口预测方程，其主要模型见式（3.1）。

$$\begin{cases} \psi(t) = \beta(t)\sum_{i=r_1}^{r_2} K_i(t)h_i(t)L_i(t) \\ L_0(t) = [1 - u_{00}(t)]\psi(t) \\ L_1(t+1) = [1 - u_0(t)]L_0(t) + f_0(t) \\ L_2(t+1) = [1 - u_1(t)]L_1(t) + f_1(t) \\ \quad\vdots \\ L_m(t+1) = [1 - u_{m-1}(t)]L_{m-1}(t) + f_{m-1}(t) \\ L_i(0) = L_{0i} \\ i = 0, 1, 2, \cdots, m \end{cases} \tag{3.1}$$

式中，$\psi(t)$ 表示第 t 年婴儿总数量；$L_i(t)(i=0,1,\cdots,m)$ 表示第 t 年小于等于 i 年龄段的人口数量；$K_i(t)$ 表示第 t 年 i 年龄段的女性人数占比；$h_i(t)$ 表示第 t 年 i 年龄段的生育因子，且满足归一化条件 $\sum_{i=r_1}^{r_2} h_i(t)=1$，$r_1$ 和 r_2 分别表示育龄妇女的起止年龄；$\beta(t)$ 表示第 t 年的总和生育率；m 为人口预测系统中的最高年龄；$u_i(t)(i=0,1,2,\cdots,m-1)$ 表示第 t 年 i 岁年龄段内的死亡人数；$u_{00}(t)$ 表示第 t 年婴儿的死亡率；$f_i(t)$ 表示第 t 年环境因素对 i 年龄段人口的影响。

根据宋健人口发展方程，按照年龄段进行分组，并对其进行改进，即对每个年龄段进行性别分组，分为男性人口和女性人口。每个年龄段作为一个存量，每两个年龄段之间由上至下转移，转移的人口为流量，以此构建人口子系统的系统动力学模型。

3.2.2　人口子系统边界及相关因素

确定人口子系统模型的边界及各变量的性质，主要包括内生变量（由系统决定的变量）、外生变量（已知或已有其他方法确定的变量）及排除在外不予考虑的变量。牛眼图在系统边界及变量的确定方面具有很好的应用，它包含了涵盖主要内生变量的内部圆形、涵盖外生变量的外部圆环及不予考虑变量的圆环之外这三个部分，牛眼图能够清晰、明确地展示系统的边界及模型中需要输入、输出的主要内容。本章构建的人口子系统的牛眼图如图3.6所示，包含0～14岁人口、15～64岁人口、65岁及以上人口、总人口、老龄化程度五个内生变量，生育率、死亡率、出生性别比等五个外生变量，而迁移率、城乡人口比例等因素不在本模型考虑范围内，因此将其排除在外。

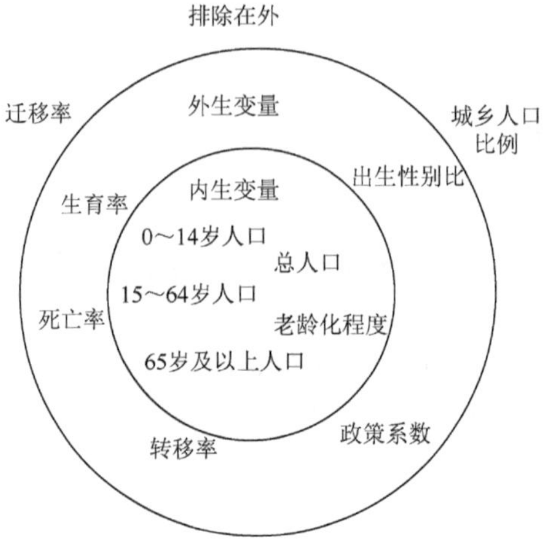

图 3.6　人口子系统边界及变量的牛眼图

为了确保本书构建的人口子系统模型能够正常运行，做出如下相关假设。

（1）模型运行期间社会经济状态基本稳定，不存在地震、海啸等不可抗力因素。

（2）模型中将人口划分为22个年龄阶段，其中0岁为第一个阶段，1～4岁为第二个阶段，100岁及以上为最后一个阶段，其余按照5岁为一个年龄段划分为19个阶段，同时在每个年龄阶段中分别划分男性人口与女性人口。

（3）模型中各个年龄阶段内人口的出生率、死亡率及转移率具有相同的特征。

（4）本章人口模型应用于全国数据，而我国并非传统意义上的移民国家，国际移民占总人口比例较小，因此暂不考虑国际迁移因素。

在人口子系统中，关注的主要问题是人口规模及人口年龄结构的变化情况，推动人口子系统运行的因素主要有出生性别比、政策系数、生育率、死亡率、转移速率等，现将推动人口子系统运行的主要因素总结如下。

1）出生性别比

出生性别比为新生婴儿中男性与女性的比例，通常计算公式为：（男性婴儿数量/女性婴儿数量）×100。联合国定义的出生性别比的通常值范围为102～107，而我国在1982年的出生性别比就已经达到了108.47，且持续保持高出生性别比，直至2016年全面放开二孩政策之后，才降低到104.98。影响出生性别比的因素中最主要的是传统重男轻女思想，计划生育政策的制定促使人们通过性别鉴定等技术对所生婴儿进行选择，使出生人口中男性高于女性，从而推高了出生性别比（乔晓春，2004；刘华等，2016）。王军等（2016）认为，全面二孩政策的放开将使出生性别比下降2.57～4.14，且需15年才能恢复正常。而实际上2016年的出生性别比（104.98）相对2015年（113.51）下降了8.53，且达到了联合国定义的通常值范围（102～107），同时也说明宽松的生育政策显著降低了出生性别比。因此本章设定预测时间范围（2020年之后）的出生性别比为102～107的随机值，并在没有新的生育政策出现之前保持不变（翟振武等，2017）。

2）政策系数

本书中的政策系数指的是我国实行计划生育政策的松紧程度。普遍二孩政策实施后，我国各省区市实行的是“一对夫妇可生育两个孩子”的计划生育政策，因此，理想化的政策系数应定义为2。但现实情况表明，由于现代生活的快节奏和强压力，受女权主义思想和更自主的生活的影响，生育意愿出现明显的下降趋势，且发达国家的经验已经证实了该现象。虽然我国实行了普遍二孩政策，使计划生育得到一定程度的放松，可几十年的计划生育政策已经在人们心中形成了“一对夫妻只生育一个孩子”的理念，加上之前所述的诸多因素的影响，我国计划生育政策显然不会被理想化执行，从而并不能保证出现“一对夫妇可生育两个孩子”的理想状态。单独二孩政策实行之初，政府官方预测60%满足生育二孩条件的夫妻有意愿生育二孩，同时根据翟振武等（2014）的调查研究，在立即全面放开二胎政策下，全国妇女的二胎平均生育意愿为70%。但单独二孩政策实施两年以来的生育状况并没能出现这种状态。其原因可能是生育时间不集中，但更大的可能则是有意愿生育二孩的夫妻比例明显高于实际生育二孩的夫妻比例，政府对政策实施结果的估计太过乐观。全面二孩政策的实施效果也发生了类似情况。2015年10月，开始实行全面二孩政策，从2016年底相对于2015年底的总和二孩生育率来看，全面二孩政策实施后，二胎生育率增加了17.72%，即生育意愿增加了17.72%，假定全面二孩政策实施前的政策系数为1，则2016年之后的政策系数为1.1772。根据2018年现有人口数据显示[①]，二孩效应在2018年已基本结束，因此设定政策系数在2018年重新回到1。

3）生育率

生育率为某一时期内新生婴儿数与育龄妇女人数之比，通常以千分比表示。国际上通用的育龄妇女年龄范围通常为15～49岁，因此本书构建的模型中分年龄性别生育率涵盖了15～19岁、20～24岁、25～29岁、30～34岁、35～39岁、40～44岁、45～49岁七个年龄段。由于本书将计划生育政策对出生率的影响体现在政策系数中，在生育率中不考虑生育政策的影响。郭志刚（2017）认为，依据以往的人口生育情况及二孩政策效果，我国未来的生育率将不会有所提升。朱喜安等（2016）指出，2018年之后，我国总和生育率将趋于稳定，而总和生育率由分年龄性别生育率构成，因此本书设定2021年及以后的分年龄性别生育率在2020年的基础上上下浮动10%。

4）死亡率

根据宋健人口发展方程的设定及已有文献的研究结果（陆伟锋等，2015），除了婴儿（0～4岁）及老年人口（65岁及以上）具有较高的死亡率，其他年龄阶段的死亡率较低且无太大变化，因此本书设定未来5～65岁人口的死亡率保持不变，而婴儿和老年人口的死亡率则随时间而发生变化。生活水平的提升及医疗技术的不断进步使死亡率呈现逐年递减的状态，结合已有文献，本书将2010年之后新生婴儿的死亡率变化设定为以每年两千分之一的速率下降，0～4岁婴儿和65岁及以上的老年人的死亡率为每年下降千分之一（宋健等，1980）。

5）转移速率

转移速率为各年龄段到下一年龄段人口的转移数量，本书中转移速率采用已有文献通常采用的计算方式（陆伟锋等，2015），即每个年龄段人口均匀向下一年龄段转移。

① 国家统计局数据显示，2018 年我国出生人口约为 1523 万人，较上年减少约 200 万。

3.3 人口子系统构建

3.3.1 人口子系统因果回路图及存量流量图

以宋健人口预测模型改进为基础，并基于3.2节对人口子系统中驱动因素的分析，采用 Vensim 软件，构建人口子系统因果回路图，如图3.7所示。

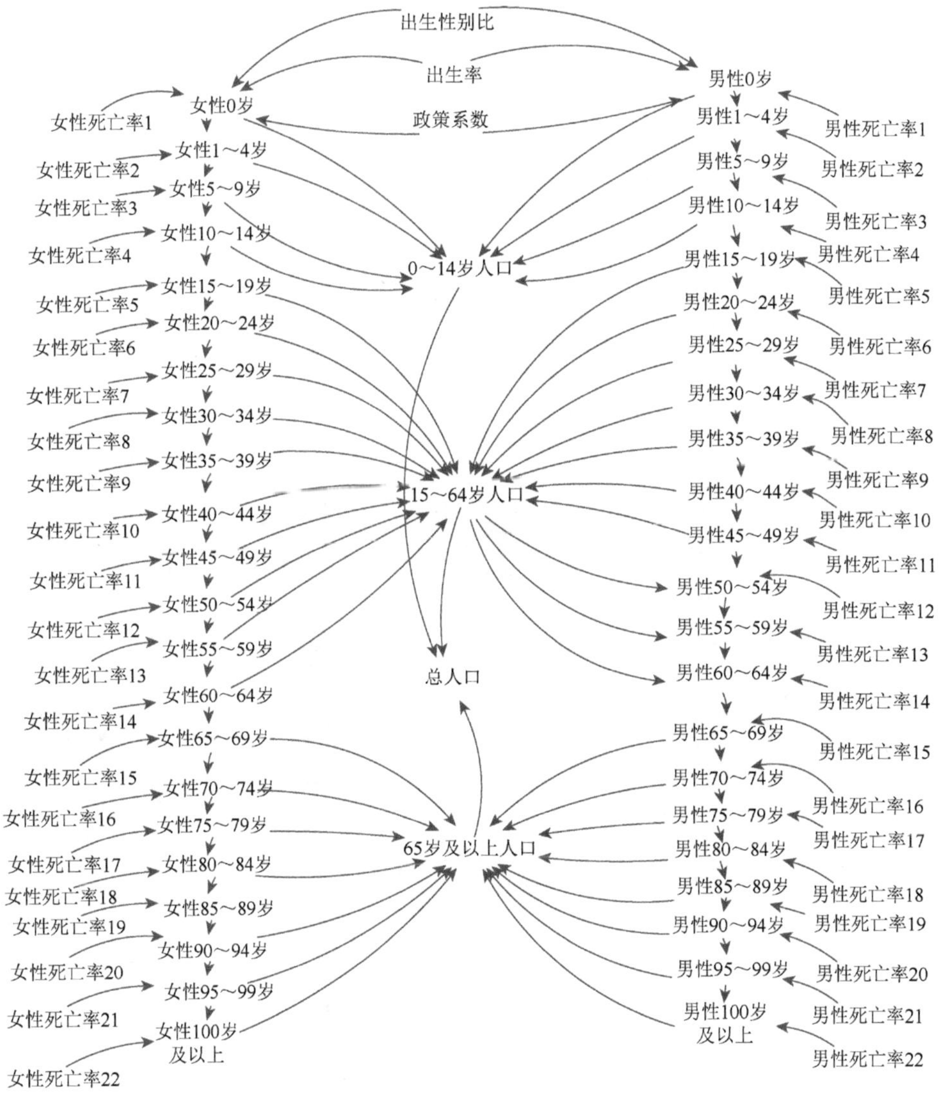

图 3.7 人口子系统因果回路图

在人口子系统的因果回路图中，可以清晰地看到人口子系统的整个变化规律，即将人口进行年龄段及性别分组，以展现人口的年龄流动过程。在因果回路图的基础上，对模型进行修正及赋值，构建人口子系统的存量流量图，如图3.8所示。

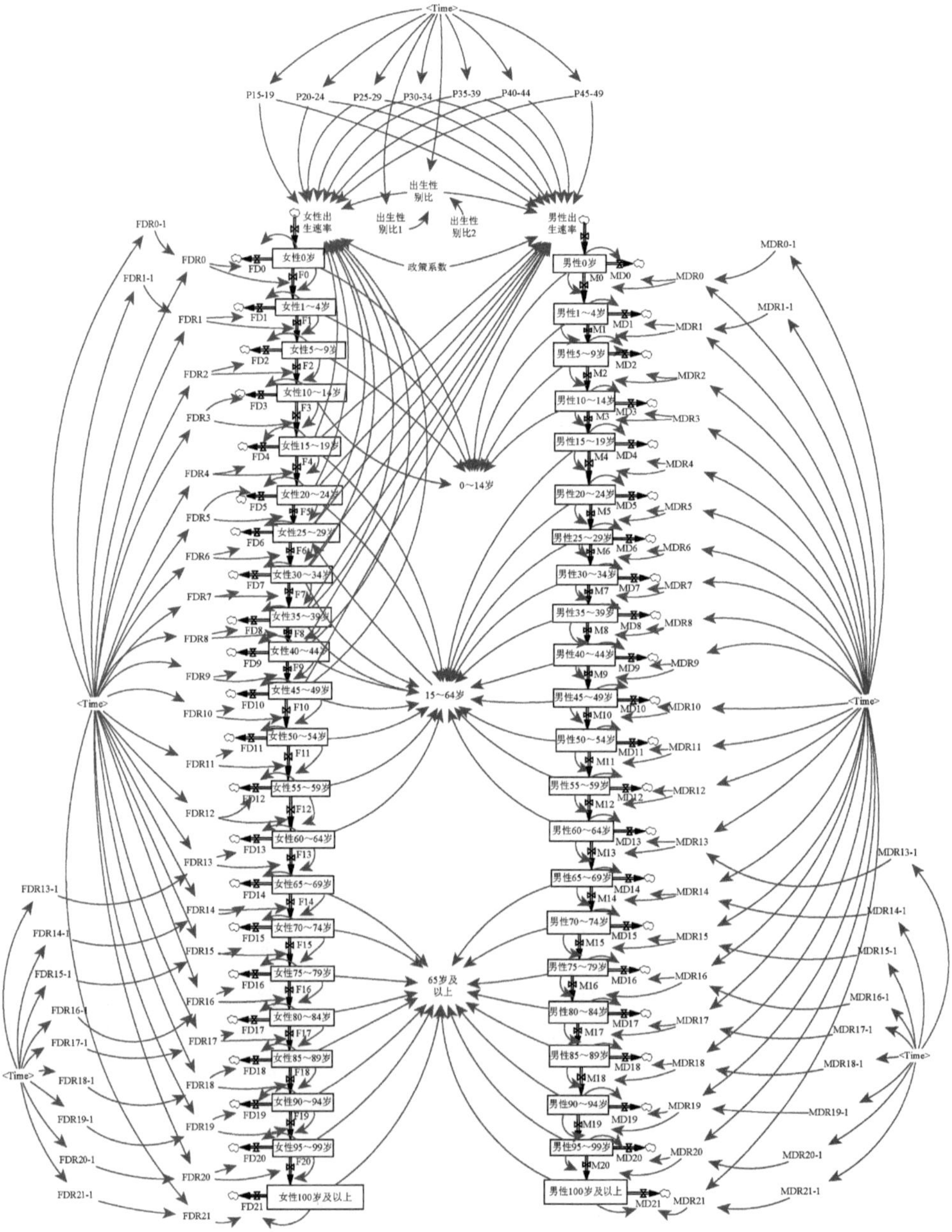

图 3.8　人口子系统存量流量图

在存量流量图中，P15-19、P20-24、P25-29、P30-34、P35-39、P40-44、P45-49分别表示15～19岁育龄妇女的生育率、20～24岁育龄妇女的生育率、25～29岁育龄妇女的生育率、30～34岁育龄妇女的生育率、35～39岁育龄妇女的生育率、40～44岁育龄妇女的生育率、45～49岁育龄妇女的生育率。模型中FD表示各年龄段的死亡人口，FDR表示各年龄段的死亡速率，M表示的是各年龄段的转移人口。

3.3.2　人口子系统主要变量参数设定

在人口子系统中，将时间范围设定为2000～2050年，时间步长为1年。基于对人口子系统中主要因素的分析，对人口子系统中主要变量的参数设定如下。

1）转移速率

假设每个年龄段内部各年龄的人口是均匀分布的，于是得到

转移速率＝该年龄段人口/该年龄段段长×（1–该年龄段的死亡率）

2）出生性别比

依据前面对出生性别比的分析，将出生性别比的参数设定为2020年及之前为历史值，2020年之后为102～107的随机值。

出生性别比＝IF THEN ELSE（Time＜＝2020，出生性别比1，出生性别比2）

出生性别比1＝WITH LOOKUP（Time，（[（2000，90）—（2016，125）]，（2000，119.3），（2003，119.25），（2004，119.25），（2005，119.25），（2006，119.25），（2007，120.22），（2008，120.56），（2009，119.45），（2010，117.94），（2011，117.78），（2012，117.7），（2013，117.6），（2014，115.88），（2015，113.51），（2016，104.98），（2017，104.81），（2018，104.64），（2019，104.46），（2020，105.07）））

出生性别比2＝RANDOM UNIFORM（102，107，104）

3）出生速率

依据女性分年龄人数及其对应的分年龄段的生育率，以及出生性别比和政策系数分别得到男性出生速率和女性出生速率，将各年龄段的育龄妇女人数与育龄妇女生育率的乘积进行求和，再分别将出生性别比与政策系数这两个因素考虑在内，得到男性出生速率和女性出生速率的参数设定如下：

男性出生速率＝（“P15-19”×“女性15～19岁”＋“P20-24”×“女性20～24岁”＋“P25-29”×“女性25～29岁”＋“P30-34”×“女性30～34岁”＋“P35-39”×“女性35～39岁”＋“P40-44”×“女性40～44岁”＋“P45-49”×“女性45～49岁”）×出生性别比/（100＋出生性别比）×政策系数

女性出生速率＝（“P15-19”×“女性15～19岁”＋“P20-24”×“女性20～24岁”＋“P25-29”×“女性25～29岁”＋“P30-34”×“女性30～34岁”＋“P35-39”×“女性35～39岁”＋“P40-44”×“女性40～44岁”＋“P45-49”×“女性45～

49岁”）×100/（100＋出生性别比）×政策系数

4）政策系数

基于3.2节对政策系数的分析，将政策系数设定如下：

政策系数＝1＋STEP（0.17，2016）＋STEP（–0.17，2018）

5）死亡率

2000～2010年各年龄段的死亡率由人口普查数据的表函数确定，根据以上对死亡率的分析，将2010年之后各年龄段的死亡率设定为如式（3.2）所示。

$$\mathrm{DR}=\begin{cases}\mathrm{DR}_0\times[1-(\mathrm{Time}-\mathrm{Time}_0)\varepsilon],\varepsilon=10^{-3},i\leqslant 4,i\geqslant 60\\ \mathrm{DR}_0,4<i<60\\ \mathrm{DR}_0\times[1-(\mathrm{Time}-\mathrm{Time}_0)\varepsilon],\varepsilon=2\times 10^{-3},i=0\end{cases} \tag{3.2}$$

式中，DR 代表死亡率；DR_0代表初始死亡率；i 代表年龄；Time 代表年份；Time_0 代表初始年份；ε 代表死亡率减少系数。

变量初始值及表函数相关数据主要来源于历年《中国人口统计年鉴》中的数据及人口普查数据，如各年龄段的人口初始值、出生性别比的表函数部分等。

3.4 人口子系统模型仿真

对人口子系统的系统动力学模型进行仿真，得到总人口数量的仿真结果如图3.9所示，各年龄段人口数量的仿真结果如图3.10所示。

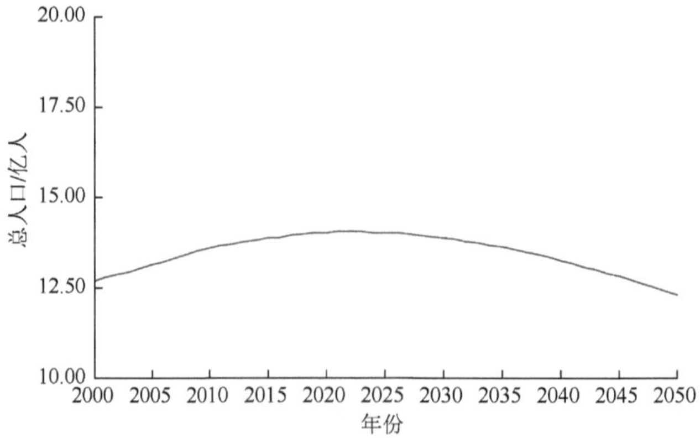

图 3.9 总人口数量仿真结果

表3.1展示了人口子系统的人口数量仿真结果与《中国人口统计年鉴》中的人口数量历史数据的对比，历史数据与仿真值误差的最大值为1.42%，而在系统动力学中，相对误差率在10%以内即可说明仿真结果较好，从而可以看出，本书构建的人口子系统模型拟合效果良好，其对未来人口的预测结果可靠。

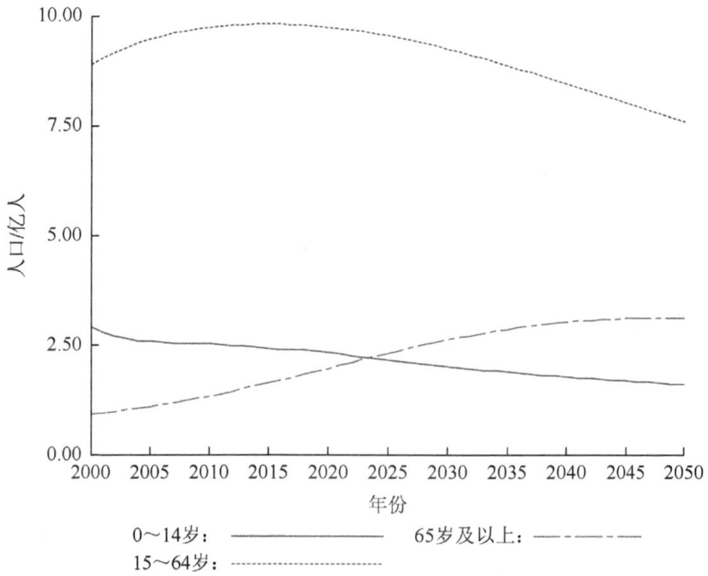

图 3.10　各年龄段人口数量仿真结果

从图3.9中可以发现，我国总人口呈现出先增后减的发展趋势，于2022年达到人口峰值14.03亿人，之后呈现逐渐下降的趋势，到2050年降至12.30亿人。这与中国人口与发展研究中心在《中国人口展望（2018）》中对我国人口预测的结果相似，其预测我国在2030年之前人口达到14.40亿人的高峰，且在2050年下降到13.70亿人左右。同时本书的预测结果与已有人口预测研究的结果类似，例如，朱喜安等（2016）采用Leslie矩阵人口结构模型预测我国未来的人口峰值将出现在2022年，峰值为13.84亿人。

表 3.1　人口数量仿真结果　（单位：亿人）

时间	实际值	仿真值	误差/%	时间	实际值	仿真值	误差/%
2000	12.67	12.68	0.08	2011	13.49	13.65	1.19
2001	12.76	12.76	0.00	2012	13.60	13.69	0.66
2002	12.84	12.84	0.00	2013	13.67	13.75	0.59
2003	12.92	12.91	−0.08	2014	13.76	13.80	0.29
2004	12.99	13.01	0.15	2015	13.83	13.85	0.14
2005	13.07	13.12	0.38	2016	13.92	13.87	−0.36
2006	13.14	13.21	0.53	2017	14.00	13.94	−0.43
2007	13.21	13.30	0.68	2018	14.05	13.98	−0.50
2008	13.28	13.40	0.90	2019	14.10	14.00	−0.71
2009	13.34	13.50	1.20	2020	14.12	14.01	−0.78
2010	13.40	13.59	1.42				

从各年龄段人口的仿真结果来看，我国少年人口呈现总体下降的趋势，由2000年的2.9亿人下降到2015年的2.4亿人，在2016年实行全面二孩政策之后，出现小幅增长，之后由于生育势能几乎释放完毕，以及劳动年龄人口下降导致的育龄妇女人口减少，而出现少年人口继续下降的状态。劳动年龄人口呈现先增加后减少的趋势，2015年之前的上升状态依赖于20世纪七八十年代人口出生高峰累积的劳动年龄人口；在2015年之后出现下降状态，由2015年的9.80亿人下降到2050年的7.60亿人，下降了约22.45%。老年人口呈现逐步增加的趋势，且增长速度先快后慢，在2021年左右超过2.00亿人，之后增长速率稍微放缓，在2040年之后趋于稳定，2050年达到3.12亿人，届时我国65岁及以上人口占总人口的比例将达到25.35%，老年抚养比达到41.12%。由于全面二孩政策下增加的少年人口在2050年之前尚未进入老年人口阶段，在未来30年内，我国依旧面临着严峻的人口老龄化风险。与翟振武等（2017）采用2015年人口调查数据得到的结果类似，他们认为我国劳动年龄人口在21世纪前半叶呈快速下降状态，后半叶呈缓慢下降状态，与此同时老年人口占比将不断攀升。

图3.11为依据人口子系统的系统仿真结果而推算的2000～2050年我国抚养比的发展趋势图。可以发现，总体来看，总抚养比呈现上升趋势，少年抚养比呈现下降趋势，老年抚养比呈现上升趋势。

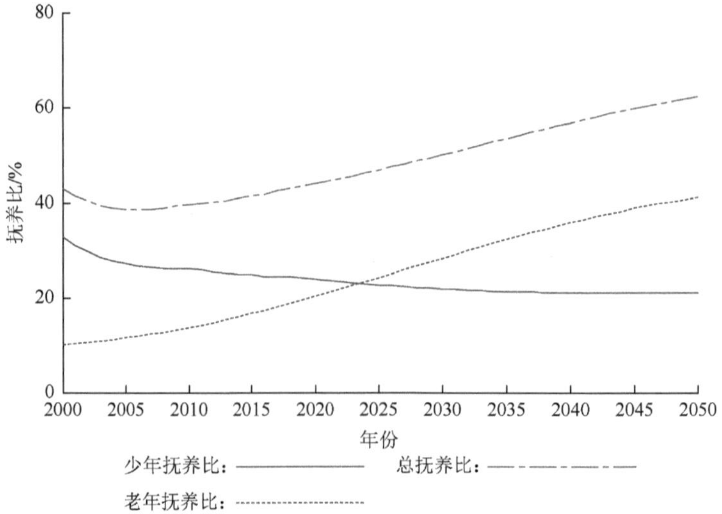

图 3.11　抚养比仿真结果

具体来看，少年抚养比在2016年之前总体呈现下降趋势，由2000年的32.71%降低到2016年的24.29%；因为全面二孩政策的放开而增加的出生人口使2017年的少年抚养比略有上升；在生育势能基本释放结束后，少年抚养比再次出现下降状态；随后，由于全面二孩时出生的女性达到育龄期，出生人口略有增加，少年抚养比再次出现微弱上升，到2050年为21.12%。而老年抚养比呈现出持续增加的状态，由2000年的10.16%增加到2050年的41.12%，增加了30.96%。从图3.11可以看出，虽然老年抚养比呈现持续增加状态，但增速先快后慢，且从趋势上看在2050年之后，老年抚养比将呈现几乎稳定不变或下降的趋势。由此可见，全面二孩政策的实施并不会改变我国人口老龄化的趋势（朱喜安等，2016）。将少年抚养比与老年抚养比对比来看，在2024年之前，少年抚养比高于老年抚养比，在2024年之后老年抚养比的持续增加使老年抚养比超过少年抚养比。

第 4 章　家庭子系统分析

居民对住房的需求不仅受到人口数量的影响，还受到家庭规模的影响，因为居民的购房需求主要以家庭为单位，所以家庭规模及结构的变化在影响住房需求的机理中尤为重要。因此，本章拟基于系统动力学方法，构建我国家庭子系统的系统动力学模型，通过该模型测算我国家庭规模及结构的变化趋势，为第6章中研究家庭结构对住房需求的影响奠定基础。

4.1　我国家庭结构演变特征分析

在家庭结构中，家庭户这一概念至关重要。本书中的家庭户，具体来看由同一居住地点的具有血缘或婚姻等关系的人构成（曾毅等，1992）。而本书研究的家庭结构既包含家庭户中的人口数量，即家庭规模，又包含家庭户中含有的代际数量及其关系，即家庭代际结构（主要包括1代户家庭、2代户家庭、3代户家庭和4代户及以上家庭）。

4.1.1　我国家庭规模演变特征

西方学者普遍认为，家庭结构是社会结构中最基本的单元。在人口发展及城市化和工业化进程中，家庭结构也在不断发生变化（Burch，1967）。在分析西方国家的家庭结构发展过程中，发现家庭规模的变化具有明显的趋势性，具体来看，家庭规模的变化具有先增加然后急剧下降，最后下降速度减缓甚至维持稳定的状态（Goode，1964；Bongaarts，2001）。这与家庭规模收敛（Goode，1964）理论一致，即伴随着城市化的快速发展及工业化的推进，家庭规模将呈现逐渐向小型化方向发展的特点（Goode，1964），西方国家的人口发展历程证实了这一理论的正确性（Bongaarts，2001）。依据目前我国城镇化、工业化及人口发展趋势来看，我国也即将面临家庭规模小型化的趋势（郭志刚，2008；王跃生，2013）。

图4.1展示了我国家庭规模的演变情况，从图4.1中可以发现，我国家庭规模与西方国家家庭规模的发展历程类似，都呈现出先上升后下降的发展趋势。据此将我国家庭结构的演变过程划分为两个阶段。

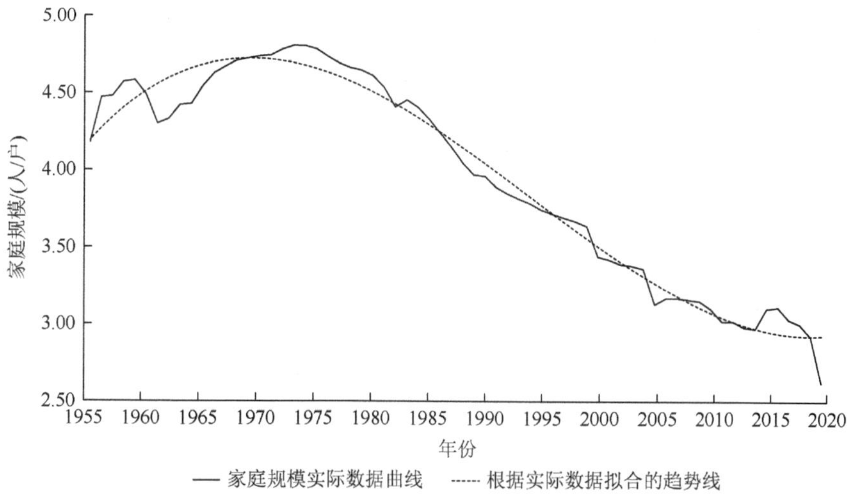

图 4.1　我国家庭规模演变趋势

数据来源：国家统计局

第一阶段是1949年至20世纪70年代初，此时家庭规模的主要变化趋势为上升状态。其中1955年为4.18人/户，到1974年为4.81人/户，20年间增长了15.07%，年均增长0.75%。1960年前后家庭规模出现缩减，主要是源于不可抗力因素，即1959～1961年发生的三年自然灾害。该阶段家庭规模演变特征主要源于三个原因：一是我国当时具有极高的生育率；二是生活水平的提高使死亡率降低，这两个原因促进了家庭规模的增加；三是改革开放后人们观念的转变使大家庭裂变为几个小家庭，从而减小了家庭规模。这三个因素的共同作用产生了稳中有升的家庭规模特征。

第二阶段是20世纪70年代至今，家庭规模逐渐缩小。家庭规模从增加到减少的转折点发生在1975年前后，此后家庭规模一直呈现逐渐下降的趋势，其中1975～1989年为快速下降，1989年之后下降速度相对平缓。我国学者对该阶段家庭规模的变化进行了研究，发现这一阶段的生育率是影响家庭规模减少的最主要因素，在独生子女政策的倡议下，我国多数家庭选择生育一个孩子，从而导致家庭中的人口数量急剧减少（曾毅和王正联，2004）。截至目前，少子化和独子化已经成为我国家庭规模未来的发展趋势，同时，2～3人/户的家庭规模已经成为我国最主要的家庭结构形式，2010年人口普查数据显示我国平均家庭规模为3.1人/户，2014年降至2.97人/户，而之后受单独二孩及全面二孩政策的影响，家庭规模略有上升，至2017年底家庭规模增加至3.03人/户。

伴随着平均家庭规模的不断缩小，不同规模的家庭户也因受到生育率、死亡率、老龄化等因素的影响而发生转变。图4.2为我国家庭户的发展，总体呈现递增趋势。图4.3展示了自2000年以来我国不同规模家庭户占比的演变趋势，从图4.3中可以发现，1人户家庭、2人户家庭占比呈现出明显的上升趋势，分别从2000年的8.30%、17.04%上升到2020年的25.39%、29.68%，其中1人户家庭增加了17.09个百分点，增幅最大；3人户家庭、4人户家庭和5人户及以上家庭的占比分别从2000年的29.95%、

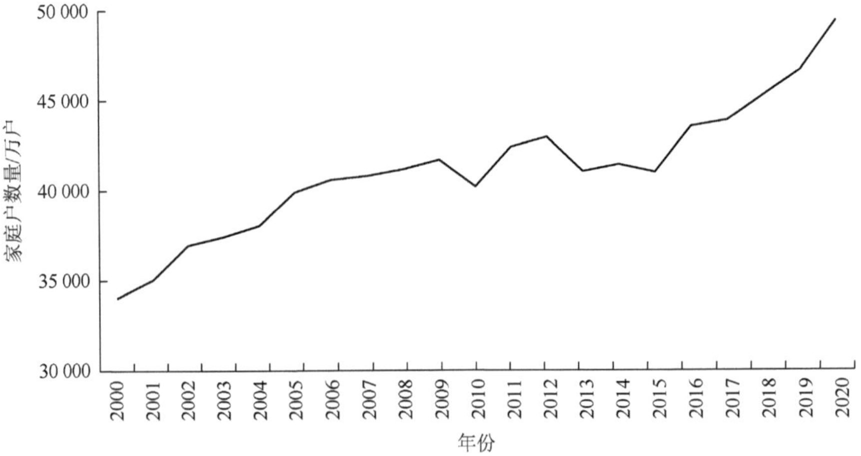

图 4.2　我国家庭户演变趋势

数据来源：国家统计局

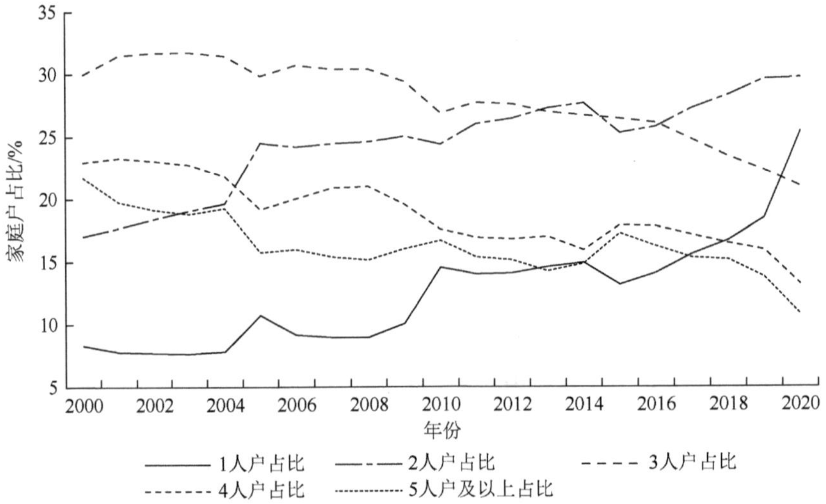

图 4.3　我国不同规模家庭户演变趋势

数据来源：国家统计局

22.97%和21.73%下降到2020年的20.99%、13.17%和10.76%，其中5人户家庭下降幅度最大，降低了10.97个百分点。2人户、3人户家庭一直是我国家庭户规模的主要形式，在2013年之前，3人户家庭几乎一直占据着家庭户规模的最大比例，而随着2人户家庭的占比增加，2013年之后2人户家庭已经与3人户家庭的占比不相上下。

由以上分析可以发现，我国家庭规模的演变趋势与西方学者提出的家庭规模收敛理论基本吻合，即家庭规模从发展初期的适度扩张，逐渐演变为后期发生的家庭规模逆转现象，由增加变为减少（由平均5人/户减少到2.5～3人/户），且下降速度先快后慢，目前2人户、3人户家庭是我国家庭户规模的主要构成。正如图4.1所示，我国的家庭规模演变趋势已经发展到人口转变后期的阶段。

4.1.2　我国家庭代际结构演变特征

人口发展的变化、社会经济的发展，都对我国家庭代际结构的变化具有重要影响。例如，人口因素中的低生育率及老龄化进程的不断推进，经济发展推动城市化进程的加快，以及社会因素中思想观念的转变等，都会影响家庭代际结构，使其由几代同住的家庭转变为独代居住的家庭，这不仅增加了我国家庭户的数量，也简化了家庭中代际结构的复杂性。

我国家庭代际结构演变趋势如图4.4所示，从图4.4中可以看出，我国家庭代际结构呈现出2代户家庭（包含两代人的家庭，如夫妻双方和其子女、夫妻双方和其

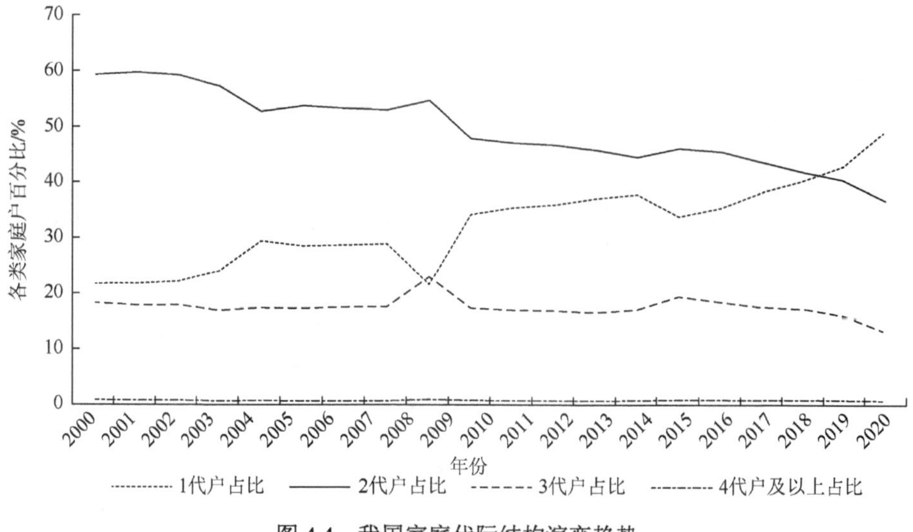

图 4.4　我国家庭代际结构演变趋势

数据来源：国家统计局

父母等）占据主导地位，以1代户家庭（包含一代人的家庭，如夫妻双方、单身族或者老年夫妻等）和3代户家庭（包含三代人的家庭，如夫妻双方及其子女和父母）为补充的代际格局。其中，1代户家庭占比总体上呈明显上升的趋势，由2000年的21.70%增加到2020年的49.50%，上升了27.80个百分点，增幅最大。这主要源于夫妇家庭的大量增加，以及因老龄化程度加深而增加的老年人家庭。2代户家庭占比出现下降，由2000年的59.32%到2020年的36.72%，降低了22.60个百分点，由所占比重过半降为不到一半，降幅最大。这主要源于伴随着家庭观念的转变，子女与父辈分开居住成为常态，以及人口流动因素的影响。2000年3代户家庭占比为18.24%，2014年降低到17.05%，之后略有上升，至2017年3代户家庭占比为17.51%，随后降低到2020年的13.26%，但总体来看，3代户家庭占比仍呈下降趋势。4代户及以上家庭占比极少，且变化不明显，由2000年的0.74%变化到2020年的0.51%，基本保持稳定。

4.2 家庭结构演变的驱动因素分析

通过对我国家庭规模及代际结构演变趋势的分析可知，家庭结构变化的主要原因是生育率、死亡率等人口因素，同时受到社会、经济等其他因素的影响，现将我国家庭结构的变动原因总结为以下几点：人口因素、经济因素、社会因素和家庭生命周期因素。

4.2.1 人口因素

1. 生育政策

在研究家庭结构时，必然会涉及生育政策。国家控制多人口大家庭存续和发展的制度手段便是生育政策（郭志刚，2008；彭希哲和胡湛，2015）。对中华人民共和国成立后的生育政策的演变过程进行划分，共包含四个阶段，详见表4.1。

表 4.1 我国生育政策的演变历史

发展阶段	时间	生育政策
第一阶段	1949～1953 年	鼓励生育
第二阶段	1954～1959 年	生育政策转变计划
第三阶段	1960～2013 年	限制生育
第四阶段	2013 年至今	逐渐放开生育

我国生育政策具有动态变化的特征，中华人民共和国成立初期，我国的生育

政策为鼓励居民生育，到目前再次鼓励生育的全面二孩政策。整个变化过程体现了生育政策的复杂性与反复性的特点，与此同时，作为国家的重要举措，生育政策深刻地影响了我国的家庭结构。

1）第一阶段：1949～1953年，鼓励生育

1949～1953年，我国人口增长量超过1.25亿人，人口总量增加6亿多人，增幅显著。依据表4.1，以1949年为转折点，人口规模发生了重大转变。国家政策对生育的鼓励态度（1950年出台《机关部队妇女干部打胎限制的办法》，明确规定和禁止打胎行为），使人口数量迅猛增长。20世纪50年代，我国实现了23%的人口自然增长率，并引起了政府的高度关注。

2）第二阶段：1954～1959年，生育政策转变计划

1954～1959年，人口增速过快的问题引起了国家重视，“赞成适当性节育”取代了“节育以公民意志为主要依据”。虽然时任国家领导人多次公开提及节育问题，但国家并未形成明确的法律条文和政策规定。

3）第三阶段：1960～2013年，限制生育

1959～1961年，我国遭遇了严重的自然灾害，经济损失和民众伤害程度极为惨重。经济和社会通过后续调整重新回到了正常轨道，但是我国面临了长达10多年的补偿性生育期。基于如此背景，国家逐渐调整生育政策，提出“一个不少，两个正好，三个多了”的口号。考虑到传统中国观念“多子多福”的稳固性，党和政府从思想层面着手，采取了一系列生育政策的宣传措施。由于思想渗透到位，政策解析透彻，群众层面为计划生育政策的开展和落实提供了坚实的基础。这一时期，人口政策围绕调控目标，有效控制了人口自然增长率并实现了人口自然增长率的降低。之后发生十年内乱，我国的各项发展都受到了影响，众多行业和组织受到严重的打击，计划生育工作亦然。20世纪70年代初，我国将生育政策的重点转向“晚、稀、少”，并保持到20世纪80年代。

20世纪80年代，我国突然开始收紧计划生育政策，而且收紧力度极为明显。这一政策的转变主要受中共中央文件《关于控制我国人口增长问题致全体共产党员共青团员的公开信》（以下简称《公开信》）的影响。其中提出了一对夫妻仅生育一名子女的倡议。我国在1982年将计划生育政策提升到基本国策的高度，相关标语和宣传语见诸街头巷尾。自此，我国长期将一孩政策作为生育政策的准则，虽多次调整政策内容并开放对特殊群体的照顾，但此基调始终保持不变。

4）第四阶段：2013年至今，逐渐放开生育

随着生育政策的落实，我国的人口增量得到了有效控制，人口素质实现稳步提升。但是事物的发展呈现双面性，我国的生育政策与十几亿人口息息相关，必然会产生一定的负面作用。人口老龄化、性别比例失调、劳动力缺失是表现最为显著的几大问题。基于此背景，人口政策调整势在必行。2013年，我国推行了单

独二孩政策，并于2016年实行全面二孩政策。但是，由于政策的出台与执行存在时间差，政策的颁布并不及时，导致政策效果并不显著。

生育政策主要通过影响出生人口而对家庭规模产生影响。

2. 出生率

出生率对家庭结构的影响表现在两个方面：第一，出生率与少儿比重呈正向相关，两者的增长势必会扩大家庭规模（Kuznets，1976；曾毅等，1992），即出生率会影响当前的家庭规模；第二，现有出生率对20多年后的婚姻年龄人口规模具有直接决定作用，结婚后与父母分开居住是影响家庭规模变化的主要因素，换言之，出生率将影响未来的家庭规模。

3. 死亡率

死亡率采用分年龄模式。少儿死亡率对少儿比重具有重要影响，少儿死亡率低有利于家庭规模的扩张，少儿死亡率高则家庭规模面临缩减。在影响家庭规模过程中，死亡率与出生率作用相反并且可以产生一定的抵消作用，水平更高的一方决定家庭规模的最终发展方向。通过研究死亡率及其变化发现，我国死亡率将长期稳定于较低水平，但死亡率降幅低于出生率降幅。通过对2000～2010年的分年龄死亡率变化的分析可知，死亡率的分年龄模式呈现稳定态势，青少年的死亡率基本稳定于极低水平，以2010年为例，0～14岁青少年的死亡率仅为0.64‰。因此，现阶段家庭规模变化受死亡率的影响有限，故在家庭子系统模型中选择忽视死亡率对家庭规模的影响。

4. 老龄化

现代社会普遍具有人口老龄化问题，同时老龄化又会对家庭规模及结构产生影响（宋健和黄菲，2011；彭希哲和胡湛，2015）。基于此背景，我国家庭将持续面临老龄化加深的局面，典型表现是老年人家庭比重和家庭中老年人口比重持续增加。第六次人口普查数据显示，2010年我国大陆地区60岁及以上老年人家庭总数为1.23亿户，占比约为30.6%，65岁及以上老年人家庭总数为8803.6万户，占比约为21.9%，相比于2000年，涨幅显著。另外，包含1名老年人的家庭户数比例接近三分之二，但是就增速而言，包含多名老年人的家庭户远超过包含单名老年人的家庭户。除此之外，完全由老年人构成的纯老家庭总数约为3000万，在传统家庭结构中罕见的3人及以上的纯老家庭规模持续扩大，并且农村地区表现最为明显。

在未来，少子老龄化的趋势将使家庭养老问题持续恶化。现阶段，我国的养老保障建设在覆盖面和支持力度方面仍有待加强，保障和照顾老年人的主要形式仍然是家庭内部的代际支持，两代甚至三代人同住的现象较为普遍。1990年，我国65岁及以上老年人与子女同住的比重与1982年的数据基本持平，但2000年与2010年这一数据分别下滑了10%和5%。2000年，由一名65岁及以上老年人构成的独居空巢家庭占比为11.46%，由老年夫妻构成的夫妻空巢家庭占比为11.38%，二者总体比重为22.84%，截至2010年，独居空巢家庭和夫妻空巢家庭占比增长了31.77%。中国老年健康影响因素跟踪调查（Chinese longitudinal healthy longevity survey，CLHLS）的统计数据显示，2000年，有33.5%的65岁及以上老年人独自居住，至2010年，这一数值超过41%，2014年老年人独居比例达到44.18%。1990～2010年，老年夫妻家庭户比例增幅高达72.3%，老年人独居家庭规模显著提升（杨赞等，2018），多代同堂模式的绝对主导地位不复存在。造成这一局面的原因有两方面：其一，出生率的连续下降引发少子化局面，家庭人口规模缩减；其二，住房条件升级，独居的可能性提升，具备一定年龄和健康条件的老年人或老年夫妻的独居意愿更为强烈。

5. 人口迁移

2010年，我国进行第六次人口普查，结果显示，有26 139万人口的户籍所在地与居住地的乡镇街道不符，并且离开户籍所在地半年以上，在这其中有3996万人为市辖区内的人户分离人口。扣除人户分离人口，跨越乡镇街道范围的人口流动量高达2.21亿。另外，在2.21亿流动人口中，全家迁移的人口比重超过七成（此数据以2010年下半年国家计划生育委员会流动人口监测数据为计算基础）。人口迁移对家庭规模的影响主要体现在（周福林，2006；郭志刚，2008）同一家庭内部的成员分为两部分，一部分受务工就业等因素影响，作为流动家庭户进入人口流入地，另一部分则以留守家庭的形式继续留在人口流出地。如此一来，同一家庭户被分割成两个或几个兼具联系性与独立性的家庭户。因此，家庭裂变带来了两方面的影响：其一，我国家庭户数量增多；其二，基于人口出生率下降的前提，家庭户内部的家庭人口数量减少，换言之，家庭规模缩小。

4.2.2　经济因素

社会经济水平的提高使家庭收入水平、消费水平和住房条件水平持续提升，这为分家立户、降低家庭规模提供了一定的条件。另外，社会经济水平的发展也使出生率持续降低（丁关良和周菊香，2000；陈卫和史梅，2002），家庭少儿比重的降低造成了粗户主率水平的提升，缩小了家庭规模。

目前，家庭的支出重点主要是住房添置和子女抚养，两者具备一定的替代作用。在家庭预算不足的前提下，房价的高速增长势必会造成普通家庭住房支出规模的扩大，住房支出的增长间接加重了子女抚养负担，使部分家庭产生畏生、少生或晚生的思想，这对出生率产生了一定的抑制作用（易君健和易行健，2008；李勇刚等，2012）。出生率下降，引发家庭规模的缩减，进一步影响家庭结构。

4.2.3 社会因素

1. 思想观念

出生率降低是传统生育观念转变的主要结果。传统思想认为，子女数量的增加有利于扩大家庭劳动力的规模进而实现家庭存续，但受到我国经济发展和计划生育政策的长期影响，传统生育观念发生了极大的转变。另外，社会经济水平的提高，使人们对自由主义、个人主义的追求逐渐提升，成年子女特别是已婚子女具有强烈的独立居住意愿，分家立户成为常态，小家庭户不断增加，对家庭规模的缩减产生了积极影响（龚为纲，2012）。

现代青年除了接受高水平的知识教育，还需要面对网络时代的海量信息，自我意识不断扩张，特别是组建自己的家庭后，更倾向于脱离父母独立居住，由此引发家庭规模的缩减（龚为纲，2012）。科学技术的发展，促进了高房价地区的通信和交通条件的优化，因此家庭成员即便独立居住，也能依靠网络视频或电话等形式维持密切的关系。另外，地区内的房价水平与人口流动规模呈正相关，二者的提高使家庭结构和家庭关系的重组难度进一步降低，由此家庭成员独立居住的现象更为普遍。历年的《中国人口和就业统计年鉴》数据显示，1999年，我国1代户家庭占比为10.65%，2代户家庭占比为60.15%，3代户家庭占比为18.14%，4代户家庭占比为0.71%，至2020年，这一数据发生重大变化，1代户家庭占比涨幅为38.85%；2代户家庭占比涨幅为负，下降了23.43%；3代户家庭占比及4代户家庭占比基本持平。通过上述数据可知，在我国目前的家庭结构中，核心家庭户比重持续增加，传统的多代同住模式的数量则趋于减少（胡湛和彭希哲，2014），这更反映了家庭规模的小型化特征。

2. 婚姻方式

高等教育的发展，有效提升了社会青年的知识文化水平，使晚婚晚育、优生优育等生育观念的普及范围和程度得到进一步扩大和加深，早期的早生多生、重男轻女等观念逐渐被取代。随着晚婚晚育现象甚至丁克家庭的出现，夫妻家庭户的占比明显增加，标准核心家庭的形成时间延长。另外，住房支出等其他生活成本增加引发的负担加重，使一部分年轻人选择通过推迟婚育时间来满足购房等其他生活需求（陆铭，2016）。

此外，随着近年来离婚率的增加，离婚产生的单亲家庭数量增多，对家庭规模及结构的变化也产生了影响（陈皆明和陈奇，2016）。依据中华人民共和国民政部发布的《2010年社会服务发展统计公报》可知，2010年共有267.8万对夫妻通过法律程序办理离异，这一数据较2009年增长了8.5个百分点；依据《2019年民政事业发展统计公报》可知，2019年共有470.1万对夫妻通过法律程序办理离异，这一数据较2018年增长了5.4个百分点，然而更值得关注的是同年离婚率涨幅超过结婚率。

3. 女性地位提高

随着职场性别壁垒的破除，女性在职场中的地位得到提升（马春华等，2011）。而子女生育不利于女性工作晋升和维持职业生涯的连续性（这一困扰对男性职工基本不具有影响）。因此，很多育龄女性会自发调整生育时间和计划或者干脆少生甚至不生，这样的局面既降低了人口规模的增长率，也抑制了家庭规模的扩张。

4.2.4　家庭生命周期因素

家庭生命周期即独立家庭自形成至消亡的整个过程。在不同阶段，受组织者年龄和需要的影响，家庭会呈现不同的突出特征，基本阶段可以概括为：结婚（家庭形成）—首位子女诞生—末位子女诞生—首位子女离家—末位子女离家—夫妻一方过世—家庭消失。当处于不同的家庭生命周期阶段时，家庭结构会随之自然变化（王跃生，2006）。

现阶段，由夫妻和未婚子女构成的标准核心家庭的比重持续降低，这是家庭生命周期发展的必然结果。假设20世纪60年代，在我国生育高峰时期诞生的同一批人口保持同样的结婚生子步伐（于20世纪80年代完成），那么目前这一批人口的年龄已经普遍超过50岁，并且他们的子女已经或即将进入婚育阶段。由此一大批标准核心家庭将被两个夫妻家庭取代，这一过程的直接结果就是家庭结构的变化。

4.3　家庭子系统构建

4.3.1　家庭子系统因果回路图构建

基于本章构建的家庭子系统，对其系统边界及变量进行确定。其中，内生变量为由系统决定的变量即系统输出的变量，主要包括家庭规模、家庭户数、住房消费等；外生变量为已知变量或通过其他方法确定的变量，主要包括生育率、死亡率、人口迁移、生育政策等。

另外，在构建家庭子系统之前，对相关变量及关系构建前提假设。

（1）模型运行期间，社会经济状态基本稳定，不存在不可抗力因素。

（2）该家庭子系统模型应用于全国数据，而我国并非传统意义上的移民国家，国际移民占总人口比例较小，暂不考虑国际迁移因素。

（3）模型中的家庭户中的人口仅指家庭户人口，不包括集体户人口。

（4）由于家庭子系统关注家庭结构的变化，该模型中对人口变化部分不再进行年龄分组，仅采用出生率、死亡率及人口总量等指标进行仿真。

基于4.2节对家庭结构演变驱动因素的分析，构建如图4.5所示的家庭子系统因果回路图。在该因果回路图中，主要关注家庭规模、各种代际结构的家庭户类型的变化情况。其中家庭规模主要受家庭观念、人口迁移、出生率、3代户占比和人均可支配收入的影响，而各种代际结构的家庭户类型受出生人口、代际结构、人口迁移、初婚率及离婚率等因素的影响。

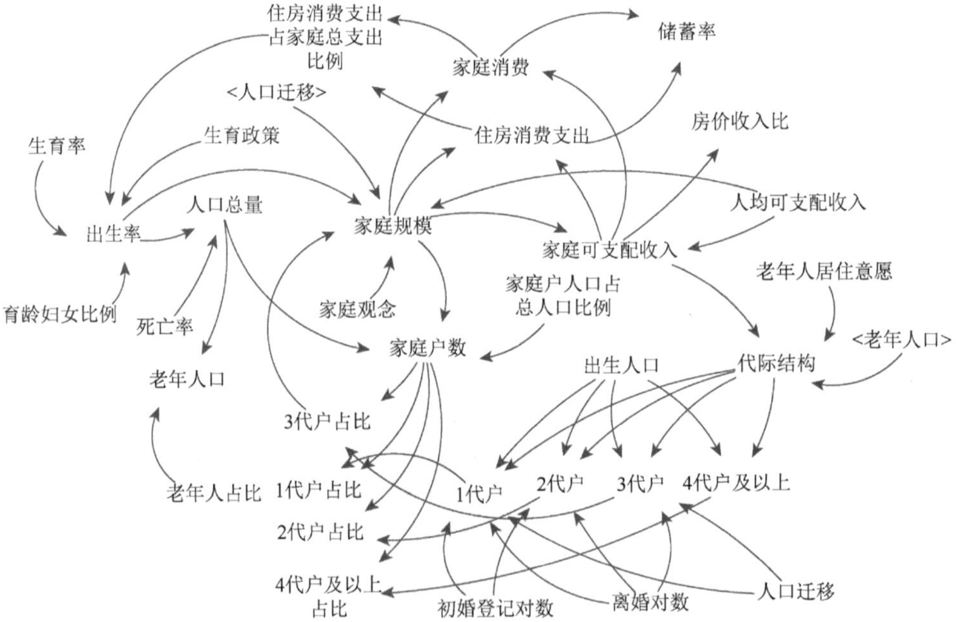

图 4.5 家庭子系统因果回路图

4.3.2 家庭子系统存量流量图构建

通过对因果回路图进行定量化分析，构建了如图4.6所示的我国家庭子系统的存量流量图。在该存量流量图中，主要存量为家庭规模、1代户、2代户、3代户、4代户及以上家庭户的数量，其他变量均作为速率变量或辅助变量来处理。

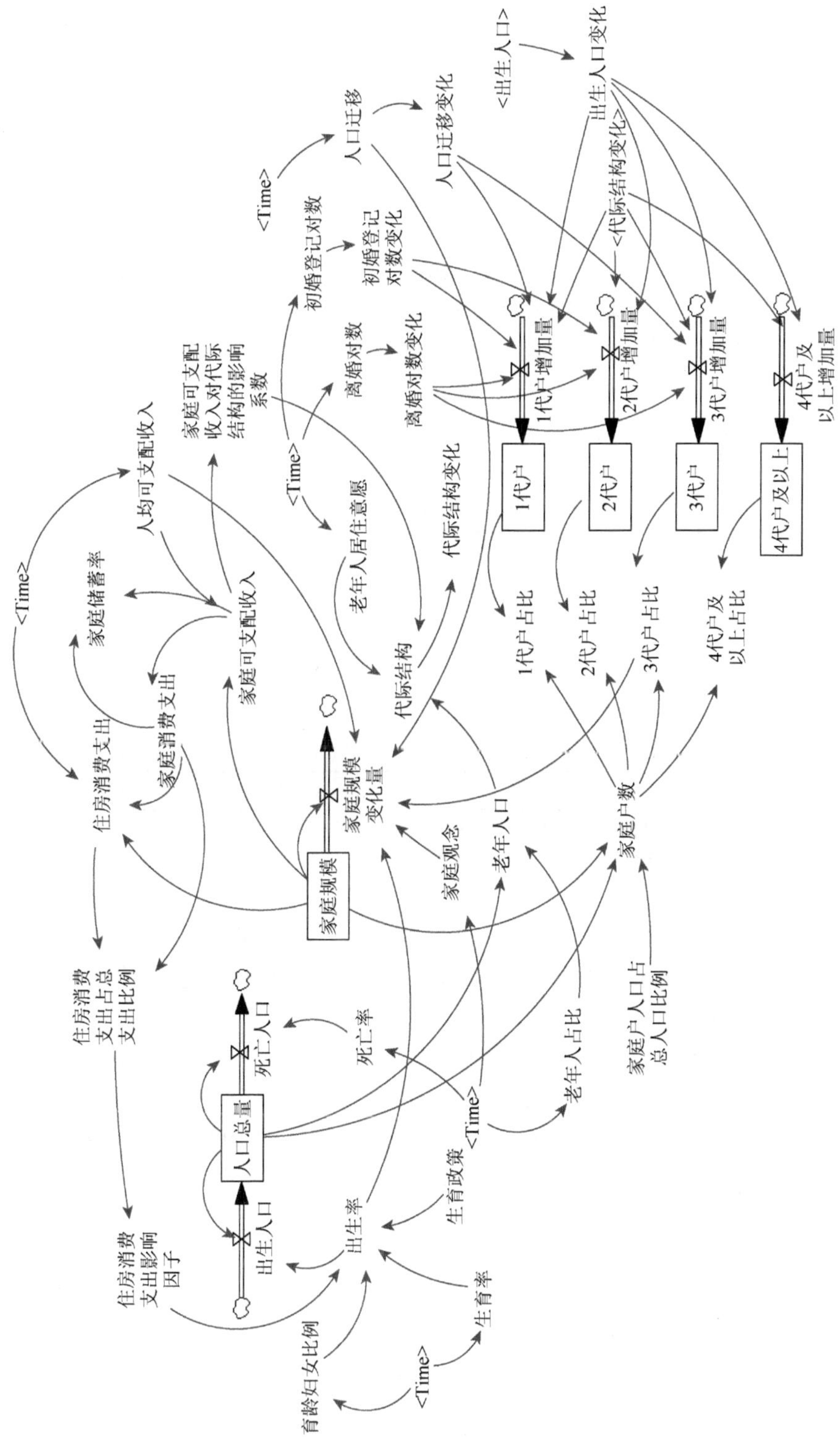

图 4.6　家庭子系统存量流量图

4.3.3　家庭子系统主要变量参数设定

我国家庭子系统的存量流量图中主要变量及参数的设定如下。

1. 家庭规模直接影响系数

依据曾毅等（1992）对家庭规模回归变量的选择，本书将出生率、3代户家庭数量、人口迁移及人均可支配收入作为对家庭规模具有直接影响的解释变量，将家庭规模作为被解释变量，采用我国历年的统计年鉴数据，进行回归分析，回归结果如表4.2所示。家庭规模回归结果显示，出生率、3代户占比、人均可支配收入、人口迁移均对家庭规模具有显著影响，且影响方向与预期一致。

表 4.2　家庭规模回归结果分析

	Coef	Std.Err	t	$P>\|t\|$
出生率	0.0773929	0.0268661	2.88	0.045
3 代户占比	6.617151	1.731082	3.82	0.019
LN（人均可支配收入）	−0.3079051	0.1293091	−2.38	0.076
人口迁移	0.2322091	0.1678982	0.239	0.039
_cons	3.399501	0.8201416	0.014	0.014
R^2		0.9693		

注：Coef 表示回归系数；Std.Err 表示回归系数的标准误差；t 表示 T 检验值；$P>|t|$表示理论 T 检验值超过样本 T 检验值的概率；_cons 表示常数项；R^2 表示模型的拟合优度。

另外，家庭观念的转变，即独立居住而非大家庭共同居住观念的转变，会对家庭规模的变化产生影响（Yi et al.，2018）。基于以上分析，家庭规模及其变化量参数的设定如下：

家庭规模 = INTEG（–家庭规模变化量，3.44）

家庭规模变化量= –（3.399 + 0.077×出生率×1000 + 6.6171×“3代户占比”/ 100–0.3079×LN（人均可支配收入） + 0.2322×人口迁移/10000–DELAY1（家庭规模，1））/家庭观念

2. 老年人居住意愿

基于以上分析，2000年老年人独居的比例为33.5%，2010年为41.0%，同时较多文献指出我国老年人独居现象呈现不断增长的趋势（Schoeni，2000；Engelhardt and Greenhalgh-Stanley，2010）。根据2000～2010年老年人独居比例的变化情况，

设定老年人居住意愿成 S 形增长，采用表函数对其参数进行设定。

老年人居住意愿 = WITH LOOKUP（Time，([（2000，0.3）—（2050，1）]，（2000，0.335），（2010，0.41），（2015，0.473684），（2020，0.539474），（2025，0.584211），（2030，0.639474），（2035，0.668421），（2040，0.678947），（2045，0.7），（2050，0.702632）))

3. 家庭户人口占总人口比例

由于在我国的总人口中不仅有家庭户人口，还有集体户人口及未统计在户人口中的部分人口，而本章家庭子系统中的家庭户人口不包含集体户人口及未统计在户的人口，因此有必要区分家庭户人口与总人口。我国历年家庭户人口占总人口比例的数据如表4.3所示，由表4.3中数据可见，近几年我国家庭户人口占总人口的比例变化不大，因此本书将其设定为0.98。

表 4.3　家庭户人口占总人口比例数据

时间	2000	2001	2002	2003	2004	2005	2006	2007	2008	2009
家庭户人口占总人口比例	0.95	0.92	0.98	0.98	0.98	0.96	0.98	0.98	0.98	0.98
时间	2010	2011	2012	2013	2014	2015	2016	2017	2018	2019
家庭户人口占总人口比例	0.98	0.95	0.96	0.90	0.90	0.93	0.98	0.97	0.97	0.97

4. 生育政策

本章生育政策系数采用与人口子系统中相同的方法确定，即

政策系数 = 1 + STEP（0.17，2016）+ STEP（–0.17，2018）

5. 代际结构

代际结构主要考察的是老年人口与青年人口同住与否的情况，因此老年人的居住意愿及家庭可支配收入均对其产生重要影响。若老年人选择独居则会增加1代户家庭数量，同时减少2代户和3代户家庭数量；若老年人与青年人共同居住，则会增加2代户和3代户家庭数量而减少1代户家庭数量。基于前面对家庭结构演变驱动因素的分析，家庭可支配收入的增加促进了分门立户，即增加了1代户家庭数量而减少了2代户、3代户和4代户及以上家庭数量。基于以上分析，将代际结构的参数设定如下：

代际结构 = 老年人口×老年人居住意愿×家庭可支配收入对代际结构影响系数。

6. 住房消费支出

依据国家统计局中各年住房消费支出占个人消费的比例（表4.4）可知，2013年之前该数据基本保持在0.12左右，而2013年随着房价的上涨该数据也增加到了0.22，因此设定住房消费支出为条件函数。

住房消费支出＝IF THEN ELSE（Time＜2013，家庭消费支出/家庭规模×0.12，家庭消费支出/家庭规模×0.22）

表 4.4　住房消费支出占个人消费比例数据

时间	2000	2001	2002	2003	2004	2005	2006	2007	2008	2009	2010
住房消费支出占个人消费比例	0.13	0.12	0.12	0.12	0.12	0.11	0.12	0.12	0.12	0.13	0.12
时间	2011	2012	2013	2014	2015	2016	2017	2018	2019	2020	
住房消费支出占个人消费比例	0.11	0.11	0.23	0.22	0.22	0.22	0.22	0.23	0.23	0.25	

7. 初始值设定

模型中变量初始值的设定均采用《2000年中国统计年鉴》中的数据。

4.4　家庭子系统模型检验及仿真

4.4.1　模型检验

家庭子系统的仿真结果与实际值对比的拟合效果如表4.5所示，误差最大值为6.11%，而系统动力学中，误差范围在10%以内，同时误差不超过5%的占比超过70%即合理，因此本书构建的家庭子系统历史仿真结果的拟合效果良好，可进行模型仿真。

表 4.5　家庭子系统仿真结果与实际值对比

时间	家庭规模实际值/(人/户)	家庭规模仿真值/(人/户)	误差/%	时间	家庭规模实际值/(人/户)	家庭规模仿真值/(人/户)	误差/%
2000	3.44	3.44	0.00	2003	3.38	3.31	−2.04
2001	3.42	3.39	−0.85	2004	3.36	3.29	−2.17
2002	3.39	3.35	−1.24	2005	3.13	3.27	4.41

续表

时间	家庭规模实际值/(人/户)	家庭规模仿真值/(人/户)	误差/%	时间	家庭规模实际值/(人/户)	家庭规模仿真值/(人/户)	误差/%
2006	3.17	3.24	2.33	2014	2.97	3.11	4.71
2007	3.17	3.22	1.58	2015	3.10	3.09	−0.32
2008	3.16	3.21	1.58	2016	3.11	3.07	−1.29
2009	3.15	3.19	1.27	2017	3.03	3.06	0.99
2010	3.10	3.18	2.58	2018	3.00	3.04	1.33
2011	3.02	3.16	4.64	2019	2.92	3.02	3.42
2012	3.02	3.14	3.97	2020	2.62	2.78	6.11
2013	2.98	3.13	5.03				

4.4.2　模型仿真

对家庭子系统进行模型仿真，得到我国家庭规模、家庭户数的变化趋势，同时展示了未来我国代际结构的发展情况，分别如图4.7和图4.8所示。

由图4.7可以发现，从目前我国居民的生育意愿来看，我国家庭规模未来将呈现逐步缩小的趋势，在2050年将缩小到2.42人/户。该数据基于我国目前的生育政策及生育意愿得到，虽然2016年我国放开了全面二孩政策，但是由于适龄青年的生育意愿仍较低，生育率并未出现明显上升，加上学习、工作等迁移因素产生的家庭内部裂变，导致我国家庭规模逐步缩小。傅崇辉（2016）认为由于我国还没有完成完整的家庭转变历程，我国家庭规模在降低到2.5人/户之前仍然有继续缩小的趋势。若未来我国生育政策出现其他转变，或者适龄青年的生育意愿有所回升，家庭规模或将出现逆转。

我国家庭户数的未来演变趋势如图4.8所示，未来人口总量增加的变化趋势，将导致我国未来家庭户数呈现总体增长的状态，但增长速率与人口有相似性，即均表现为先快后慢。从仿真结果看，我国家庭结构中未来1代户家庭呈现增长趋势，且将成为未来我国家庭户的主要类型，1代户占比在2050年将达到41.85%；2代户家庭略有减少，但后期下降幅度较小，其在家庭户总数中的占比呈现下降趋势，2050年的占比为34.58%，在2038年左右1代户家庭占比将超过2代户家庭占比；3代户家庭几乎保持不变，2050年3代户家庭占比为16.27%；4代户及以上家庭仍然占据较小比例，且呈微小波动趋势，变化并不明显。

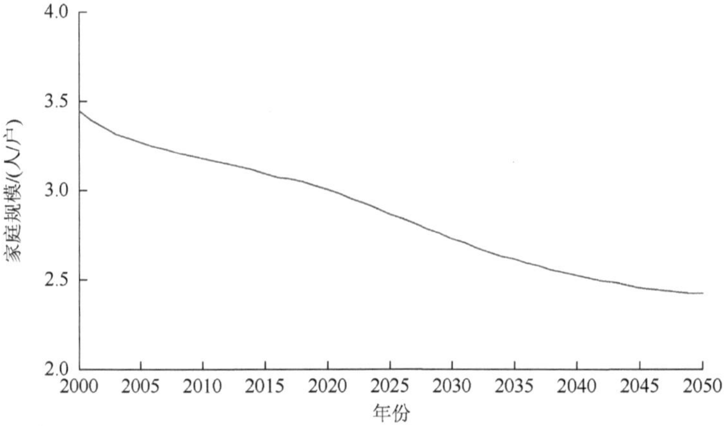

图 4.7　家庭规模仿真结果

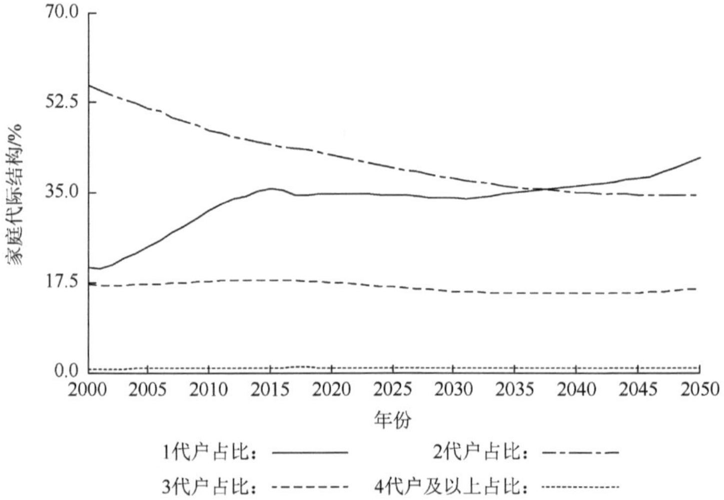

图 4.8　家庭户数仿真结果

对仿真结果进行分析，预计未来我国家庭户结构仍将呈现以2代户家庭为主，1代户家庭和3代户家庭为辅的状态，但在2038年左右，2代户家庭的主导地位有被1代户家庭替代的可能。这与已有研究结果相一致，例如，胡湛和彭希哲（2014）发现我国未来家庭户数量持续增长，但家庭规模将逐步缩小，与此同时家庭结构呈现简单化趋势，1代户家庭增长幅度最大，而2代户家庭下降幅度最大。傅崇辉（2016）对我国家庭结构的预测结果为未来我国将形成以2代户和3代户为主的家庭模式，而且1代户家庭数量将增加，4代户家庭数量将减少，尤其是当家庭规模降低到2.5人/户左右时，该特征尤其明显，届时我国家庭结构将类似于美国2.5人/户家庭规模下的家庭结构（Jiang and O’Neil，2010）。

第 5 章　住房需求子系统分析

住房市场的供需机制决定了住房价格，住房供给在短期内缺乏弹性，而住房需求相对住房供给具有较高弹性，因此对住房需求进行系统性分析有利于全面把握住房价格的变化趋势。住房需求受到多种因素的影响，尤其在我国的独特国情下，住房需求的影响因素更是表现出独有的特点。本章首先对我国住房需求的发展过程及现状进行描述性分析，基于住房需求的特点总结影响我国住房需求的因素；然后，在此基础上拟采用系统动力学方法构建我国住房需求子系统，对我国住房需求的影响因素及关联性进行分析，并基于已有数据对模型进行检验及仿真，拟模拟我国住房需求的未来变化趋势，为我国住房市场的平稳、健康发展提供有效建议。

5.1　系统动力学与房地产研究综述

系统动力学的创立者是麻省理工学院的 Jay W. Forrester 教授，他于20世纪50年代提出了系统动力学的观点，并将其运用于企业管理。如今，系统动力学具有广泛的应用范围，涉及众多学科，如经济学、管理学、供应链研究、社会学等。Meadows 等（1972）根据系统动力学的思想，先后出版了多版《增长的极限》，介绍了系统思考的重要性及其应用，并采用系统思考的思想，运用系统动力学模型构建了世界模型。

随着应用范围的拓展，系统动力学也在20世纪90年代被广泛运用于房地产市场的研究中。Kummerow（1999）采用系统动力学的方法对美国的写字楼市场进行了仿真模拟，发现系统动力学的因果关系及反馈关系能够很好地解释美国写字楼供给过多的原因及其改进措施。Frame（2004）用系统动力学方法分析了人口迁移的变化，以及人口迁移对当地住房需求及经济的影响。Gelfand 等（2004）将系统动力学方法应用于房地产市场的定价中，并对未来价格进行了预测。Hui 和 Yu（2006）将香港作为研究对象，构建了香港的写字楼租赁市场的系统动力学模型，对香港的写字楼的租金价格及其影响因素进行了分析。Liow 和 Addae-Dapaah（2010）在研究房地产市场的风险时，采用了系统动力学的方法。Yang 和 Wu（2017）建立了一个用于描述绿色住房市场的系统动力学模型，以实现对绿色住房市场发展的动态评估和预测。

王其藩教授是我国最早研究系统动力学的学者，他在20世纪80年代将系统动力学方法引入国内，并将其推广。王其藩（1986）介绍了系统动力学的原理、应用领域及国外应用系统动力学研究的成功案例，认为在经济及社会研究过程中，系统动力学不失为一个有效的方法（胡玉奎等，1997）。

由于系统动力学模型的拟合优势，其在房地产市场中得到了广泛应用。胡雨村和沈岐平（2001）运用系统动力学方法模拟了香港的房地产市场，认为该方法对房地产市场的仿真及预测具有很好的指示作用。罗平等（2001）以兰州市为样本构建了兰州市住房市场的系统仿真模型，认为系统动力学在房地产市场中具有预测、政策模拟、内在机制方面的重要价值。程国平等（2003）构建了我国房地产投资市场的系统动力学模型，并对全国数据进行仿真模拟，分析其中的运行规律。金晓斌等（2004）构建了住房产业发展的系统动力学模型，并以南京市为对象，进行了预测及政策模拟。陈永聪（2006）从宏观调控角度构建了房地产业的系统动力学模型，但未进行实证分析。王德兵等（2008）建立了重庆市的节能省地型房地产市场的系统动力学模型，并为节能省地型房地产市场的发展提供了相关建议。Shen 等（2009）应用系统动力学模型研究香港的土地可持续利用与城市发展，并模拟了两种不同的城市人口密度发展方案，最后进行了政策模拟。娄永红等（2010）用系统动力学方法构建了房地产市场模型，并以嘉善县为例进行仿真模拟，力图探究房地产市场中各因素间的关系及机制。李妍（2011）采用系统动力学方法，构建了深圳市的房地产市场模型，依据情景模拟提出了房地产市场调控的政策建议。崔啸等（2011）运用系统动力学模型，以北京市为例，预测了未来北京市房地产市场的发展规律。罗斌和王花（2013）运用系统动力学方法，研究了我国房地产市场的政策调控模型，并对相关政策调控效果进行了评估。王大港和刘伊生（2016）以我国中小城市为例，构建了住房市场的系统动力学模型，并对潍坊市的相关数据进行仿真模拟。杨茂盛和赵青（2016）在研究住房需求的影响因素时，采用了系统动力学方法与可拓理论的结合，力图寻找“去库存”的有效方法。马丽（2017）在分析房地产企业可能发生的风险时，采用了系统动力学的建模方法，并进行了仿真及情景模拟。Zhang 等（2018）选择中国投机型住房需求和土地融资模式，并运用系统动力学模型，探讨了中国土地供给、调控与市场驱动住房政策的关系。

综合以上分析，已有较多学者采用系统动力学方法研究房地产市场，但多集中于城市住房系统（罗平等，2004；Kummerow，1999；胡雨村和沈岐平，2001）、房地产市场周期（许春青等，2011）、房地产预警机制及风险（Liow and Addae-Dapaah，2010；赵黎明等，2004），以及政策实验和预测的研究（王大港和刘伊生，2016；罗斌和王花，2013；李妍，2011）等，对住房需求的研究较少（杨茂盛和赵青，2016；娄永红等，2010）。

5.2　我国住房需求发展及现状分析

住房需求，即特定时期，消费者面对当前价格，产生购房意愿并能够达成购房交易的房屋数量，这一数据受消费者购买意愿和购买力两项因素的影响。住房需求不同于住房需要，后者的含义是消费者具有购房意愿但不具备购房能力。正如普通商品一样，住房需求也会受到约束，即需求偏好的约束和支出预算的约束。住房需求包含住房需求总量和住房需求结构，本书主要研究的是前者。

自中华人民共和国成立以来，我国长期执行福利分房政策，也就是说，单位会根据员工的工龄、级别和年龄等综合考虑，实行住房分配。此项措施符合计划经济特征，是中华人民共和国成立初期推动国家资源分配，确保优先发展重工业及维护社会安定的有利条件。但是，因为在住房获得过程中，人口数量也在不断增长，从而导致住房需求的增长，这加重了单位福利分房的负担，同时国家财政负担也逐渐加重，因此，急需实行新的政策对其予以改善。为了解决这一问题，我国于1979年持续进行住房制度改革，逐步落实分配制度的转变，将传统的福利分房制度扭转为现行的市场化货币分配制度，转变过程包含四个阶段。

第一阶段：摸索阶段（1979～1994年）。这段时期的工作重点是探寻有效的措施，以合理实行住房市场化措施。这个时期实行的主要政策包括试点收房、提租补贴、以售代租等。但是由于制度的不完善，并没有激发居民的购买意愿，主要存在的问题是住房租金相对房价较低，多数居民选择租房。

第二阶段：平稳发展阶段（1995～1998年）。为了调控1992～1993年的住房市场泡沫化，国家出台了相关政策，落实住房公积金制度，改善租房市场，为住房市场的平稳发展提供条件，这一时期的住房销售面积保持平稳。

第三阶段：全面推进阶段（1999～2004年）。国务院于1998年7月正式颁布了《关于进一步深化城镇住房制度改革加快住房建设的规定》。正式确立了我国住房市场化政策的实施，且政策实施效果显著，居民购房意愿加强。从此之后，我国房地产市场加速推进。

第四阶段：调控阶段（2005年至今）。随着住房市场化的推进，居民的住房需求不断增长。2004年开始，我国住房价格持续攀升，房地产市场发展速度加快。住房价格的急速增加使居民的购房压力不断扩大，基于上述背景，自2005年起，我国政府连续出台相关政策来调控住房市场的发展，控制住房销售价格的增长。

自1998年我国房地产市场进行市场化改革以来，我国住宅商品房的竣工面积、销售面积和平均销售价格的发展变化情况分别如图5.1和图5.2所示。总体来看，我

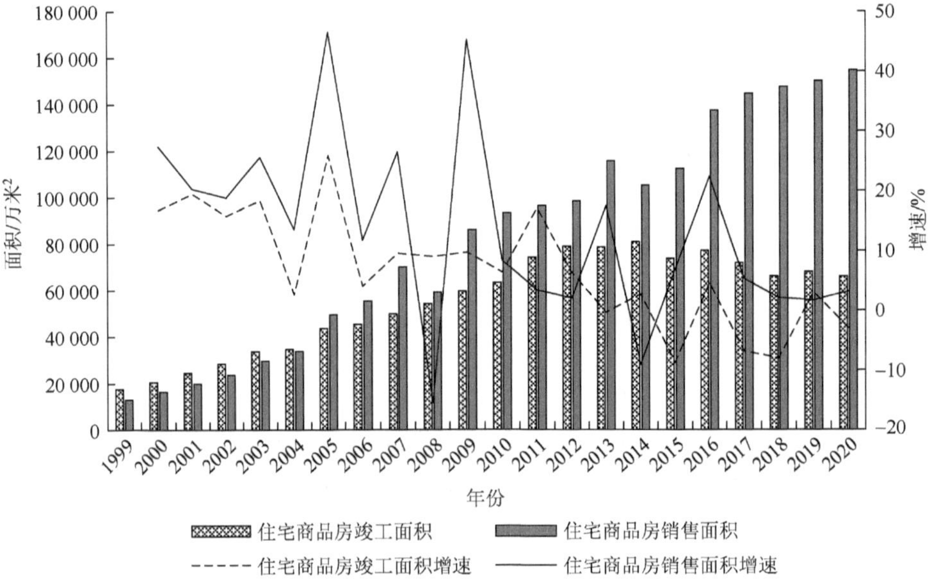

图 5.1　我国住宅商品房竣工面积和销售面积变化趋势

数据来源：国家统计局

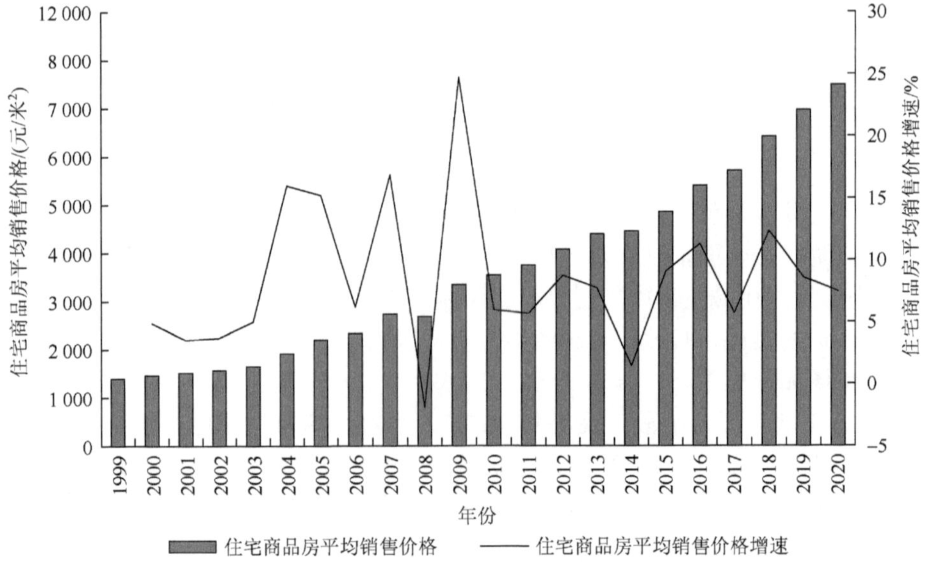

图 5.2　我国住宅商品房平均销售价格变化趋势

数据来源：国家统计局

国住宅商品房的销售面积和平均销售价格均呈现逐步增长态势，其中，住宅商品房的销售面积由1999年的12997.87万米^{2}增加到2020年的154878.47万米^2，增长超过了10倍，从2005年开始出现了住宅商品房销售面积大于竣工面积的情况，且二者之差呈现增加趋势，住宅商品房需求越来越旺盛；住宅商品房的平均销售价格由1999年的1857元/米^{2}增加到2017年的9980元/米^2。而且，在住宅商品房销售面积和平均销售价格的增速方面，二者均呈持续波动的状态。1999～2003年，住宅商品房销售面积的增速基本保持稳定，年均增长率均在20%以上。住宅商品房平均销售价格的增速较小，维持在4%左右。从2004年开始，住宅商品房销售面积和平均销售价格的增速均出现较大波动，2004年的住宅商品房销售面积的增速下降至13.57%，而住宅商品房平均销售价格的增速上升至16%。2008年的金融危机导致二者同时下降，甚至呈现负增长率，随着金融危机带来的影响逐渐消散，住宅商品房的销售面积和平均销售价格逐渐回暖，2009年住宅商品房销售面积的增速环比和平均销售价格的环比分别为45.39%和24.69%。2010年之后，我国住宅商品房的销售面积和平均销售价格均总体呈现增加状态，且除2014年二者环比出现下降之外，二者环比持续增长，随后房地产宽松政策逐渐重启，刺激了住房需求，推高了住宅商品房的销售面积和平均销售价格，其环比也呈现增长趋势。直至2016年，随着热点城市住宅商品房平均销售价格的剧增，中央政府再次实行房地产紧缩政策，全面调控房地产市场。

5.3　住房需求变化的影响因素分析

5.3.1　经济因素

1. 居民收入

恩格尔系数指的是居民所有消费中食品消费所占的比重，通过分析国际数据可以发现，居民的可支配收入提高后，居民的恩格尔系数会降低，从而为住房消费提供了条件。居民可支配收入的提高，增加了其住房消费的预算，相应地增加了住房需求；而居民可支配收入的减少，会减少居民的住房需求（况伟大等，2012；Najarzadeh and Shahidi，2015；Głuszak，2015）。2000年，我国居民的人均可支配收入为3769.81元，其中，城镇居民为6280.00元，农村居民为2253.40元。2020年，我国居民的人均可支配收入达到了32189.00元，城镇和农村分别为42 359.00元、17 131.00元。20年间，居民的人均可支配收入持续增长，2020年相比于2000年增长了7.54倍。

2. 城镇化

我国城镇化进程目前呈现加速发展的状态，2011年我国城镇化率为51.27%，首次突破50%，超过农村人口比重。2020年城镇化率为63.89%，相比于1990年26.41%的城镇化率，增长超过了1倍。城镇化主要通过城市数量的增加、重点城市规模的不断扩张、大城市人口迁入的增加使住房需求增加（Michaels et al.，2008；Moos and Skaburskis，2010；杨晓冬和李远，2013；孟庆斌等，2017）。

3. 房价

经济学中的需求法则，即在一定预算约束条件下，商品或服务的需求与价格呈反向相关，当商品或服务的价格增加到超过预算约束时，会对需求产生抑制作用，在住房市场中，需求法则同样适用。当住房价格升高时，在预算约束下，居民的住房需求会推迟，降低了当前的住房需求；而当住房价格下降时，居民会重新选择购买住房，从而增加了住房需求（钟庭军，2009；Mian and Sufi，2011；Mian et al.，2013；Solak and Kabadayi，2016）。近年来我国房价逐年攀升，居民在预算约束下，自然会减少其非必需的住房需求。

4. 经济发展水平

经济发展水平体现在多个方面，既表现为城镇化的发展，又表现为居民收入的增加。经济发展水平的提高，既增加了居民的收入，又对企业的利润收益有极大贡献。居民收入的增加使其购买住房的能力提高，企业利润的提高促使企业为员工提供更多福利，如住房公积金的支付比例增大、提供住房或租房补贴等，购买能力和企业提供的福利同时作用于房地产市场，势必会增加居民的住房需求（李超等，2015；Solak and Kabaday，2016）。因此，经济发展水平的提高极大地推动了住房需求的增加。本书以人均 GDP 作为衡量经济发展水平的指标。

5.3.2 人口因素

购房主体为家庭或个人，因此人口是最能直接影响住房需求的因素，人口对住房需求的影响主要包括三方面：人口总量、人口结构和家庭结构。

1. 人口总量

在对房地产市场的长期发展具有影响的因素中，人口因素是必不可少且十分重要的。住房建设的主要目的是供人居住，因此人口总量的增加必然会增加居民对住房的需求，而且会通过不同的方式对住房需求产生影响（Takáts，2012；杨华磊等，2015b），如居民的刚性需求、改善型需求等。另外，我国正处于快速城镇化的发展阶段，城镇化的快速发展，会产生大量的人口迁移，城市人口的大量迁入必然导致城市住房需求的增加（张昭和陈兀梧，2009）。

2. 人口结构

人口结构主要包括年龄结构、性别结构等，其中对住房需求影响最大的是人口的年龄结构。随着我国老龄化程度越来越深，其对社会经济的影响也日益凸显，老龄化引起的人口结构变化、家庭结构变化、劳动生产率变化及社会储蓄率变化，都会对住房需求产生重要影响（谢琛和袁建华，2010；陈斌开等，2012；Mehrotra and Carter，2017）。

3. 家庭结构

家庭结构主要通过家庭规模对住房需求产生影响（陈春流和卢万青，2017），而且该影响主要体现在两个方面：一方面，家庭规模的变化意味着家庭户中人口数量的变化，当家庭户中人口数量减少时，住房需求会倾向于小户型住房，而当家庭户中人口数量增多时，居民会更倾向于大户型住房，也就是说，家庭规模的不同使居民对住房结构的需求也产生了很大差异（李晓娥，2005；Lauf et al.，2012；Brown et al.，2015）；另一方面，在总人口不变甚至增加的情况下，家庭规模的减少会对家庭数量的增加有促进作用，而家庭数量的增加会增加住房需求，家庭数量的减少会使住房需求相应减少（方勇华，2017）。总结以上，家庭规模的变化会改变住房需求，我国目前正面临家庭户逐渐小型化的趋势，因此预计其未来对住房需求具有促进作用。

5.3.3 政策因素

国家政策对住房需求具有显著影响，当政府出台宽松的购房政策时，会刺激居民的住房需求，而当政府出台紧缩的购房政策时，会抑制或推迟居民的购房需求。对住房需求产生影响的政策因素主要包括四种：土地、信贷、利率、税收。

1. 土地政策

基于我国土地公有制的国情，土地政策是我国房地产市场调控中的重要手段。土地政策主要通过土地的价格及数量影响房地产市场，进而对住房供给产生影响（周彬和杜两省，2010；王迅，2015）。住房供给会影响房价，而房价又会对住房需求产生影响。因此，土地政策对住房需求的影响是间接的，而且是通过影响房价进而影响住房需求。当政府控制土地供给面积时，相应的土地价格会升高，房地产商拿地面积将会减少，导致住房供给减少，从而房价抬高，而高房价又会对住房需求产生推迟或抑制作用。土地政策主要通过土地政策的宽松程度及紧缩程度来反映。

2. 信贷政策

信贷政策本质上是数量调控，中国人民银行通过控制货币数量从而对消费者及开发商的信贷总量产生影响，一方面消费者可贷资金量的变化会影响住房需求总量（Zhao，2015；Landvoigt，2017），另一方面开发商可贷资金量的变化会影响住房建设及住房供给总量，从而通过对住房价格产生影响（郑忠华和郭娜，2011），间接影响了住房需求。

3. 利率政策

虽然利率政策对利率的调控范围较小，基本维持在0.5%左右，但是其对房地产市场的影响仍然不可忽视。当政府上调利率时，一方面会增加购房者的贷款购房成本，从而抑制居民的住房需求；另一方面开发商的融资成本会增加，住房开发成本的增加抬高了房价，而房价上涨又会对住房需求产生抑制作用。因此，提高利率对新增住房需求具有抑制作用（Mayer，2002；Iacoviello and Neri，2010；Choudhry，2010；曾国安和胡钢剑，2018）。

4. 税收政策

随着近年来房价的持续攀升，我国正在推进对个人住房征收房地产税，2011年，已经在上海、重庆试点个人住房房地产税的征收，之后有望在全国实行房地产税的征收。房地产税的征收主要影响的是投资型需求，对于这部分住房需求，预期房地产税的实行将会对住房需求产生抑制作用（况伟大，2013；陈力朋等，2018；张顺明等，2018）。

5.3.4 其他因素

1. 预期

购房者在做出购买住房的决策之前，会以未来的住房价格变动作为衡量标准之一，居民对未来经济发展及住房价格的预期会影响当前的住房需求，若预期未来房价上涨，居民会选择购买住房，反之则会选择推迟购买住房，从而减少住房需求（Case and Shiller，2003；郑思齐和王寅啸，2007；况伟大，2010；邹瑾，2017）。

2. 住房偏好

居民住房水平及住房环境的改善，一定程度上会影响居民的住房偏好。居民最初的住房需求为住有所居，但随着多数居民都具备了住房条件之后，会对住房的面积、布局、功能、位置、环境、环保、是否是学区房等特征具有不同的偏好（罗安邦，2014；王营营等，2017）。本书中的住房偏好主要指的是居民人均住房建筑面积，即随着住房条件的改善，居民的人均住房建筑面积将会增加。

3. 住房供给

多数产品的价格都会受到供给与需求的影响，住房市场也不例外，即住房供给的增加或减少会对住房价格的波动产生重要作用，从而间接影响住房需求。当住房供给增加时，从供求理论的角度分析，会对住房价格产生负向影响，进而推动了住房需求的增加（Wang et al.，2015；甘霖等，2016）。

由以上对经济、人口等影响住房需求的因素的分析可以发现，影响住房需求的因素众多，同时影响机制也复杂多变，因此本章将用复杂系统理论中的系统动力学方法，构建我国住房需求的系统动力学模型，将尽可能多的因素纳入本章的住房需求子系统中，体现出各因素之间的影响关系，拟全面、系统地反映我国住房需求的变化过程。

5.4 住房需求子系统构建

5.4.1 住房需求子系统因果回路图构建

本节主要构建我国住房需求子系统，首先对系统边界及变量类型进行确定。该住房需求子系统将全国范围作为主要研究对象，选取2000～2050年作为时间范围。对于变量类型，内生变量是系统主要研究的变量，为由系统决定的变量即系统输出的变量，主要包括住房需求、住房供给、住房价格、人口总量等；外生变量不是系统主要研究的变量，作为系统中主要变量的影响因素，起辅助作用，为已知变量或通过其他方法确定的变量，主要包括居民收入占 GDP 的比例、土地政策、贷款利率、首付比例等。

基于以上对住房需求影响因素及系统变量的分析，对相关变量及系统构建做如下假设。

（1）模型运行期间，社会经济状态基本稳定，不存在地震、海啸等不可抗力因素。

（2）该住房需求子系统模型应用于全国数据，而我国并非传统意义上的移民国家，国际移民占总人口比例较小，暂不考虑国际迁移因素。

（3）本书研究的为普通住房需求，因此在住房需求子系统中，仅考虑住宅类商品房的需求、供给及价格方面的因素，不考虑非住宅类商品房及其他住宅类型，本章所指的住房均为住宅商品房。

（4）在本章的住房需求子系统中，老龄化及家庭规模作为影响住房需求的因素将予以考虑，但是由于系统的复杂性及系统的侧重点，本章将对二者进行简化，同时对某些变量采取外生变量的处理方式。在第6章的综合系统中将会对二者进行详细刻画。

（5）普通自住型需求中包括适婚年龄人口（25～34岁）的刚性需求及中年人口（45～54岁）的改善型需求。

然后，基于对住房需求影响因素的分析，构建我国住房需求子系统的因果回路图，如图5.3所示。

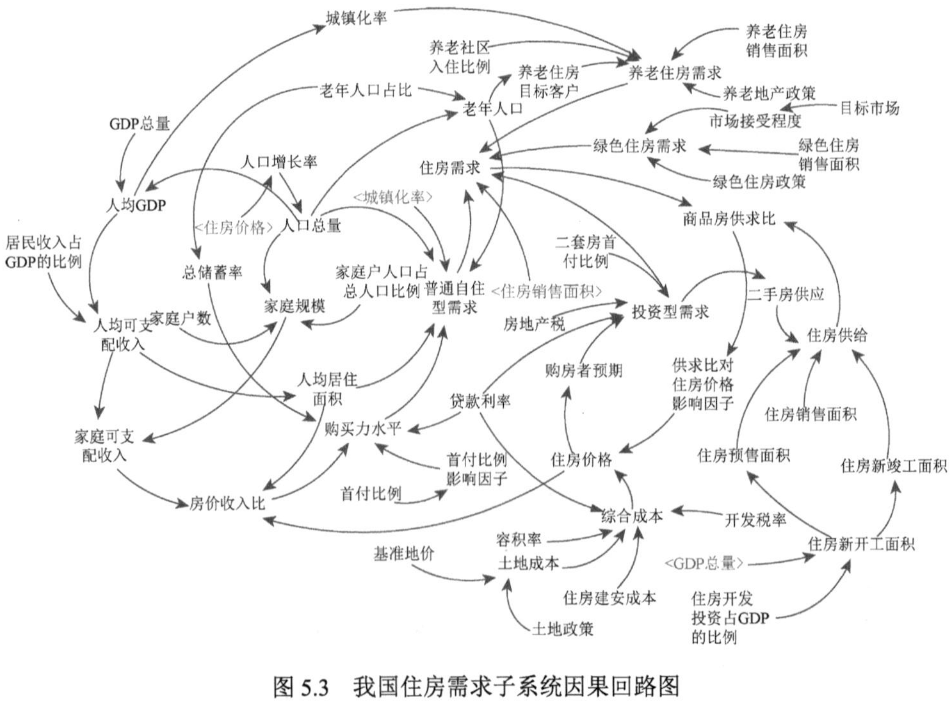

图 5.3 我国住房需求子系统因果回路图

住房需求子系统的因果回路图由众多因果链构成，因果链又组成了众多反馈环，在反馈环的作用下形成了住房需求的复杂系统，其中主要的反馈环如下。

（1）人口总量→＋普通自住型需求→＋住房需求→–商品房供求比→–供求比对住房价格影响因子→＋住房价格→–人口增长率→＋人口总量。

该反馈环主要体现了人口总量对住房需求的促进作用，住房需求的增加又刺激了住房价格的增长，而住房价格对人口增长率的负向影响又导致了人口总量的减少。

（2）人口总量→＋家庭规模→＋家庭可支配收入→＋房价收入比→+购买力水平→＋普通自住型需求→＋住房需求→–商品房供求比→–供求比对住房价格影响因子→＋住房价格→–人口增长率→＋人口总量。

该反馈环通过人口总量对家庭可支配收入的促进作用增加了房价收入比，从而提高了居民的购买力水平，促进了住房需求的增长，进而通过住房价格对人口总量产生影响。

（3）老年人口→–普通自住型需求→＋住房需求→–商品房供求比→–供求比对住房价格影响因子→＋住房价格→–人口增长率→＋人口总量→＋老年人口。

该反馈环体现了老年人口的增长减少了普通自住型需求，进而减少了住房需求，通过住房价格对人口总量的负向影响，最终又对老年人口产生影响。

（4）老年人口→＋养老住房目标客户→＋养老住房需求→＋住房需求→–商品房供求比→–供求比对住房价格影响因子→＋住房价格→–人口增长率→＋人口总量→＋老年人口。

该反馈环中，老年人口的增加推动了养老住房目标客户的增长，进一步通过养老住房需求增加了总的住房需求，进而又通过住房价格对老年人口产生负向影响。

（5）住房价格→＋购房者预期→＋投资型需求→＋住房需求→–商品房供求比→–供求比对住房价格影响因子→＋住房价格。

该反馈环中，住房价格的提升增加了购房者对房价上涨的预期，从而增加了投资型需求，进一步提高了住房价格。

（6）住房价格→＋房价收入比→–购买力水平→＋普通自住型需求→＋住房需求→–商品房供求比→–供求比对住房价格影响因子→＋住房价格。

该反馈环表现为住房价格的增加，使居民的房价收入比提高，降低了居民的购买力水平，从而减少了住房需求，最终供过于求，导致住房价格的下降。

5.4.2　住房需求子系统存量流量图构建

在因果回路图的基础上，对各变量进行类别区分，并对其进行定量化处理，构建我国住房需求子系统的存量流量图，如图5.4所示。

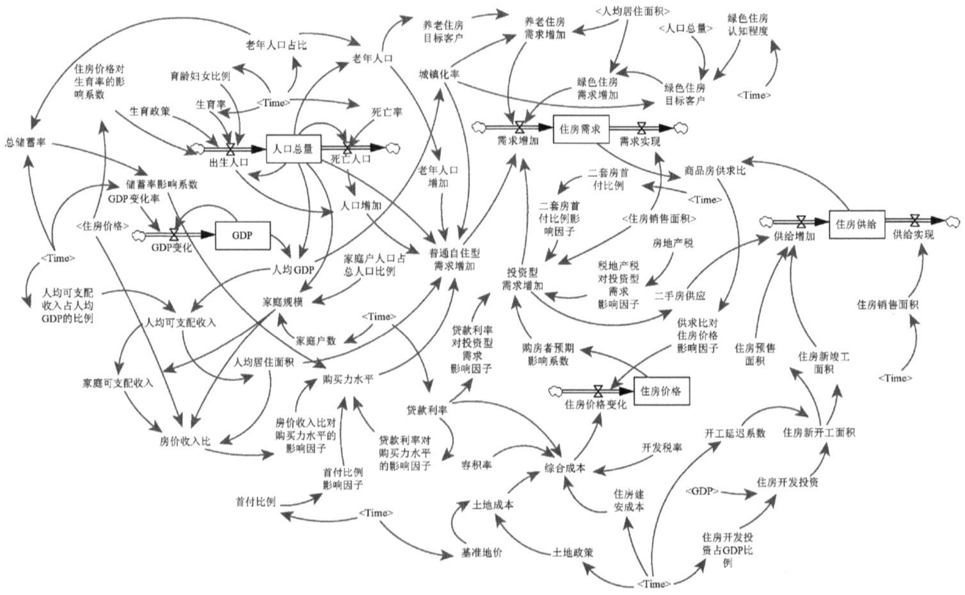

图 5.4　我国住房需求子系统存量流量图

在该存量流量图中，主要的存量变量包括人口总量、住房需求、住房供给、住房价格及GDP，其他变量分别作为流量变量、辅助变量及常量进行处理，以下将在对存量流量图变量进行参数赋值及设定的基础上对住房需求子系统模型进行仿真及检验。

5.4.3　住房需求子系统主要变量参数设定

本章构建的住房需求子系统的存量流量图将以全国范围为研究对象，所用数据均为全国数据，研究时间范围为2000～2050年。

1. 主要变量初始值的设定

1）住房需求

已有研究认为，住房销售面积占当年住房需求的60%（萨日娜等，2009），即有60%的住房需求得到满足，由国家统计局数据可知，2000年我国住宅商品房销售面积为16 570.28万米^2，则2000年的住房需求为27 617.13万米^2。因此将住房需求的初始值设置为27 617.13万米^2。

2）住房供给

本书中的住房供给包括住房新竣工面积及住房预售面积，通过调研资料可知，住房新开工面积中约有60%为当年的住房预售面积。由国家统计局数据可知，2000年我国住房新竣工面积为20 603.32万米^2，住房新开工面积为24 401.15万米^2，由此计算出2000年的住房供给为20 603.32 + 24 401.15×0.6 = 35 244.01（万米^2），即住房供给的初始值为35 244.01万米^2。

3）人口总量

人口总量采用《中国统计年鉴》中的数据，2000年的人口总量为126 743万人。

2. 主要常数变量设定

1）家庭户数

根据《中国统计年鉴》中数据可知，2000年我国家庭户数为34 049.12万户，而2000～2020年我国家庭户平均增长率为1.92%，因此设定家庭户数为以34 049.12万户为基数，并以1.92%的比例逐年增长。

2）贷款利率

本书中的贷款利率主要指商业银行自营性个人住房贷款的1～3年中长期贷款利率，对中国人民银行的中长期贷款利率取其年加权平均值作为年利率，公式如下

$$贷款利率=\frac{年初始贷款利率\times该利率天数+第一次调整贷款利率\times该利率天数+\cdots+最后一次调整贷款利率\times该利率天数}{365}$$

由此计算的历年贷款利率数据如表5.1所示。

表 5.1　历年贷款利率数据　（单位：%）

年份	2000	2001	2002	2003	2004	2005	2006	2007	2008	2009
贷款利率	5.94	5.94	5.55	5.49	5.54	5.76	6.04	6.89	7.27	5.40
年份	2010	2011	2012	2013	2014	2015	2016	2017	2018	2019
贷款利率	5.44	6.41	6.39	6.15	6.13	5.34	4.75	4.75	4.75	4.55

3）住房开发投资额占 GDP 的比例

住房开发投资额占 GDP 的比例的规律性不强，且更多受政策影响，因此采用条件函数对其赋值，在2020年以前分别采用各年的历史数据，2021年及以后采用近五年的平均值0.10。

4）开发税率

房地产开发过程中的税率主要包括增值税（销售额的5%）、土地增值税（销

售额的1%）、城市维护建设税（营业税的7%）、教育费附加税（营业税的4%），计算得开发税率合计为6.55%。

3. 主要变量间方程设定

对于变量间关系的确定，主要采用文献总结、趋势外推法、数学演绎法、统计分析、回归分析等方法对数据进行拟合，以确定变量间方程。

1）人均居住面积

在对居民的人均居住面积和人均可支配收入进行分析的基础上，发现居民的人均居住面积和人均可支配收入具有相似的变化趋势（图5.5）。因此，本节选取了2000～2020年的年度数据（数据主要来源于国家统计局），并对人均居住面积进行回归分析，得到的结果如表5.2所示。

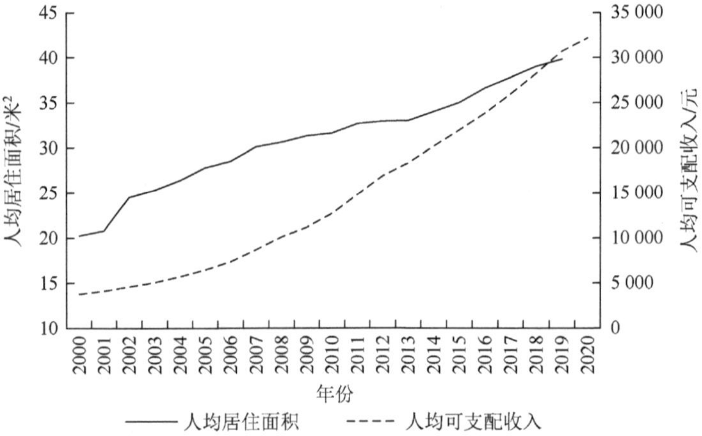

图 5.5　人均居住面积和人均可支配收入变化趋势

数据来源：国家统计局

表 5.2　人均居住面积回归结果

模型	未标准化系数		标准化系数	t	显著性
	B	标准误差	Beta		
常量	–42.72	3.68	—	–8.77	0.00
LN（人均可支配收入）	7.88	0.39	0.98	15.45	0.00

注：B 表示未标准化回归系数；Beta 表示标准化回归系数；*t* 表示 T 检验值。

由表5.2的回归结果可知，人均居住面积回归模型具有较高的显著性，因此将人均居住面积的方程设定为

人均居住面积 = 7.88×LN（人均可支配收入）–42.72

2）综合成本

综合成本指的是住房建设过程中付出的总成本，综合成本主要包括住房建安成本和楼面地价，其中楼面地价是土地价格和容积率的比值。根据房地产开发的经验数据可估计得出，住房建安成本一般占开发成本的55%左右。另外，1～3年中长期贷款利率及开发税率也会对综合成本产生影响，房地产商在开发过程中的贷款上限为70%，且平均贷款年限为3年。综合以上分析，将综合成本的公式设定为

综合成本 = （住房建安成本/0.55 + 土地价格/容积率）×（1 + 0.7×3×贷款利率/100）×（1 + 开发税率）

3）住房价格变化

住房价格变化主要受综合成本变化及供求比对住房价格影响因子的影响，因此将住房价格变化的公式设定为

住房价格变化 = [综合成本–DELAY1I（综合成本，1，1600）] ×供求比对住房价格影响因子

4）住房新竣工面积

住房新竣工面积和住房新开工面积的变化趋势如图5.6所示，从图5.6中可以发现，我国住房新竣工面积和住房新开工面积具有类似的变化趋势，因此，选取2000～2020年我国住房新竣工面积和住房新开工面积的数据（数据来源于国家统计局）进行回归分析。由回归分析的结果得到住房新竣工面积的公式为

住房新竣工面积 = 200097.274 + 0.373×住房新开工面积

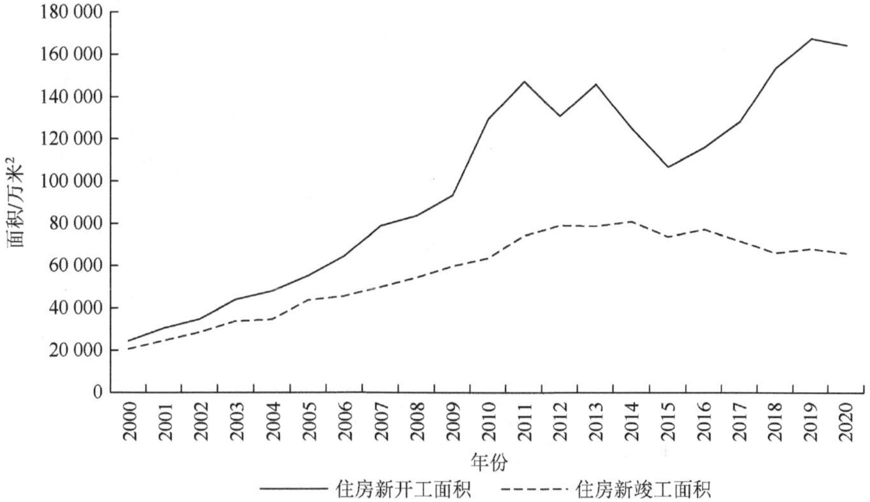

图 5.6　住房新竣工面积和住房新开工面积变化趋势图

数据来源：国家统计局

5）总储蓄率

总储蓄率为总储蓄占国内生产总值的比例，其中总储蓄按照世界银行的计算方式为：国民总收入–总消费额＋净转移支付。

根据已有文献可知，老龄化对储蓄率的影响分为两个阶段，当老龄化水平较低时，对储蓄率具有正向影响，而当老龄化超过一定水平时，便会对储蓄率产生负向影响（汪伟，2010；朱礼华和赵志勇，2013）。选取2000～2020年我国总储蓄率和老年人口占比的数据（数据来源于国家统计局），对其进行回归分析，通过非线性回归得到总储蓄率与老年人口占比的关系，并将总储蓄率的公式设定为

总储蓄率＝IF THEN ELSE（老年人口占比＜＝0.08，12.940×老年人口占比×100–54.023，–1.509×老年人口占比×100＋62.783）

6）普通自住型需求增加

普通自住型需求的增加主要包括适龄结婚人口的刚性需求，以及中年人口的改善型需求。对于适龄结婚人口的刚性需求，近几年我国结婚率（即结婚人口对数占总人口的比例）在6‰～9‰，取其均值8‰，且在适龄结婚的人口中有80%具有购房需求，因此刚性需求为人口总量×城镇化率×0.008×0.8×2。对于改善型需求，由统计数字得到我国的城镇人口中有20%为高收入人群，其中50%具有改善型需求，因此改善型需求可以表达为人口增加×城镇化率×0.2×0.5。另外，由于20%的老年人口对青年人进行住房遗赠，老年人口的增加会减少刚性需求。因此将普通自住型需求增加的公式设定为

普通自住型需求增加＝购买力水平×人均居住面积×（人口总量×城镇化率×0.008×0.8×2＋人口增加×城镇化率×0.2×0.5–老年人口增加×0.2）

7）投资型需求增加

投资型需求主要受二套房首付比例、房地产税、房价预期及贷款利率的影响，因此将投资型需求的公式设定为

投资型需求增加＝二套房首付比例影响因子×房地产税对投资型需求影响因子×购房者预期影响系数×贷款利率对投资型需求影响因子×（住房销售面积–DELAY1I（住房销售面积，1，15 000））

4. 主要表函数变量

表函数是系统动力学中特有的函数，在系统构建过程中经常需要将定性变量加入其中，而将定性变量定量化的过程可由表函数来解决，即表函数可以表示两个非线性关系变量之间的定量关系，如住房需求子系统中的供求比对住房价格的影响因子、房价收入比对购买力水平的影响因子等，以下将对住房需求子系统模型中的主要表函数变量进行说明。

（1）供求比对住房价格的影响因子用表函数表示，见表5.3。

表 5.3　供求比对住房价格的影响因子的表函数

供求比	0.1	0.3	0.5	0.7	1	1.2	1.5	2	3
影响因子	1.50	1.25	1.20	1.15	1.10	1.00	0.95	0.90	0.80

（2）房价收入比对购买力水平的影响因子用表函数表示，见表5.4。

表 5.4　房价收入比对购买力水平的影响因子的表函数

房价收入比	2	2.5	3.5	5	6	8	10	15	20
影响因子	2	1.6	1.3	1.2	1.1	1	0.9	0.85	0.75

（3）贷款利率对购买力水平的影响因子用表函数表示，见表5.5。

表 5.5　贷款利率对购买力水平的影响因子的表函数

贷款利率/%	4	5	6	7	8	9
影响因子	1.40	1.20	1.00	0.90	0.87	0.84

（4）首付比例对购买力水平的影响因子用表函数表示，见表5.6。

表 5.6　首付比例对购买力水平的影响因子的表函数

首付比例	0	0.1	0.3	0.4	0.5	0.65	0.7	1
影响因子	2.00	1.6	1.1	1	0.9	0.8	0.75	0.5

（5）储蓄率对购买力水平的影响因子用表函数表示，见表5.7。

表 5.7　储蓄率对购买力水平的影响因子的表函数

储蓄率/%	10	20	30	40	50	60
影响因子	0.96	0.97	0.98	0.99	1	1.1

5.5　住房需求子系统模型检验及仿真

5.5.1　模型检验

1. 历史值检验

首先对我国住房需求子系统模型进行检验，将商品房住宅平均销售价格的实际值与仿真结果进行对比，得到各年仿真值与实际值的误差，对比结果见表5.8，其中误差绝对值最大为8.84%。误差范围在10%以内，且误差在5%以内的占比在70%以上即可认为模型较为合理，因此本章构建的住房需求子系统的历史仿真结果拟合效果较好，可进行模型仿真。

表 5.8　住宅商品房平均销售价格实际值与仿真结果对比

时间	实际值	仿真值	误差/%	时间	实际值	仿真值	误差/%
2000	1 948.00	1 948.00	0.00	2011	4 993.17	5 072.00	1.58
2001	2 017.00	2 004.00	–0.64	2012	5 429.93	5 680.00	4.61
2002	2 092.00	2 127.00	1.67	2013	5 850.00	5 858.00	0.14
2003	2 197.00	2 241.00	2.00	2014	5 933.00	6 185.00	4.25
2004	2 548.61	2 498.00	–1.99	2015	6 472.36	6 676.00	3.15
2005	2 936.96	2 831.00	–3.61	2016	7 203.00	7 244.00	0.57
2006	3 119.25	3 319.00	6.40	2017	7 614.00	7 341.00	–3.59
2007	3 645.18	3 689.00	1.20	2018	8 553.00	7 868.00	–8.01
2008	3 576.00	3 892.00	8.84	2019	9 287.00	9 052.00	–2.53
2009	4 459.00	4 409.00	–1.12	2020	9 980.00	10 196.00	2.16
2010	4 725.00	4 919.00	4.11				

2. 极端性测试

极端性测试即将模型中的某一参数设定为极端值，观察模型主要变量是否同时发生变化，且变化情况是否遵循常理。此处将生育率由初始值设置为极端值0，即无新的人口出生，观察人口总量及住房需求将如何变化，如图5.7和图5.8所示。

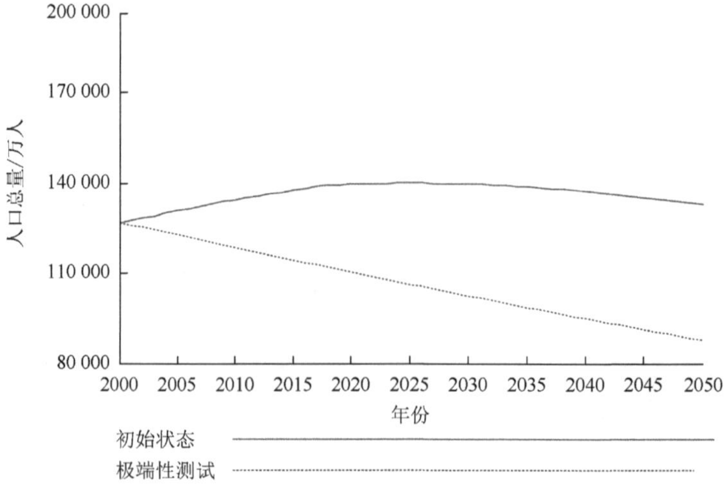

图 5.7　人口总量极端性测试

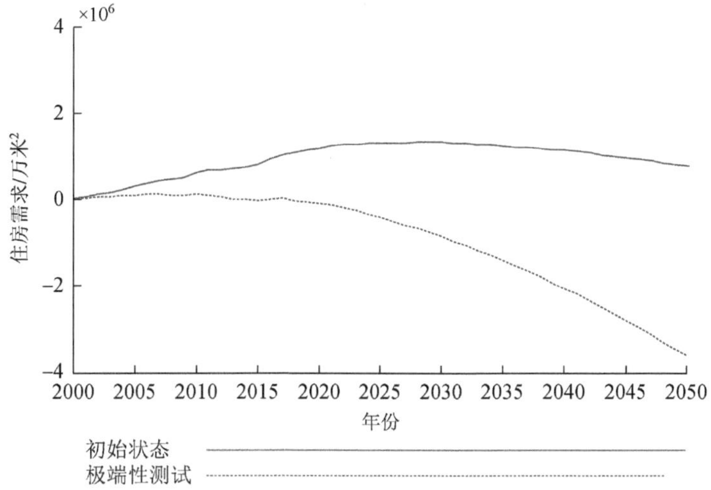

图 5.8　住房需求极端性检验

由极端性测试结果可以发现，当将生育率设定为极端值0时，人口出生率变为0，因此人口总量呈现逐渐减少的趋势；而人口总量减少，必然使产生住房需求的人口数量减少，从而使住房需求逐渐减少甚至降为负值。极端性测试符合预期结果。

由历史值检验及极端性测试发现，住房需求子系统模型具有良好的拟合效果，从而验证了模型的有效性及可信性。

5.5.2　模型仿真

对本章构建的我国住房需求子系统进行仿真，得到我国住房需求的变化趋势，如图5.9所示。从结果中可以发现，我国住房需求呈现先增加后减少的状态，其拐点发生在2031年，2031年我国居民的住房需求的峰值约为143亿米^2。拐点之前，受人口总量逐步增加及城镇化率持续增长的影响，我国住房需求呈现逐步增加的趋势，但受计划生育、观念转变等因素的影响，生育率逐渐降低，老龄化程度增加，导致有住房需求的人口数量减少，从而对住房需求产生了抑制作用，使住房需求呈现下降的趋势，但下降速度相对上升速度较为缓和。

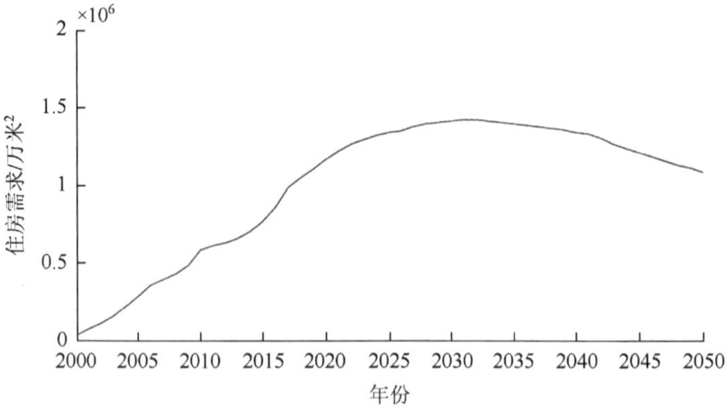

图 5.9　住房需求仿真结果

第6章　人口老龄化与家庭结构对住房需求影响的动力学模型

第3～5章的内容分别在梳理了驱动因素及影响因素的基础上，构建了我国人口子系统、家庭子系统及住房需求子系统，并对其进行仿真模拟，分别得到了我国总人口和各年龄阶段人口（尤其是老年人口）的发展趋势、我国家庭规模及家庭户结构的变化趋势，以及我国住房需求未来的变化情况。虽然各个子系统具有各自的独立性，但三个子系统之间也存在着密不可分的关联，各子系统之间具有相互影响的关系，在构建各子系统时弱化了部分变量的关系，本章将对各子系统之间的作用机理进行详细刻画，基于各子系统之间的反馈关系，构建我国人口老龄化与家庭结构对住房需求影响的综合系统，并对其进行仿真模拟。

6.1　老龄化、家庭结构和住房需求研究综述

6.1.1　住房需求研究综述

住房需求有微观与宏观之分，其中微观层面的住房需求是指住房的消费需求，宏观层面的住房需求是指住房的需求总量，本节围绕住房需求总量展开。住房需求总量的相关研究可分为三个方面：第一，影响住房需求量的因素；第二，住房需求量的弹性，即对收入、利率和价格等重要因素的变化对住房需求量产生的影响进行分析；第三，住房需求的结构，即将市场上现有的住房进行分类后，具体分析各种类型住房需求的变化，并对变化规律进行对比研究。下面将从住房需求的影响因素、住房需求弹性和住房需求结构三个方面分别进行文献总结。

1. 住房需求影响因素相关研究

居民支付能力是决定住房需求总量的主要因素。而居民的支付能力受多种因素共同影响，其中包括信贷支持和收入等融资因素，还包括房价、税费和利率等成本因素（Kenny，1999）。与此同时，一些非经济因素（如政策制度等）也能使住房需求发生变化。

（1）关于信贷支持和收入等融资因素方面的研究。Kenny（1999）认为在爱

尔兰，住房价格、居民收入、住房供给量与按揭贷款利率等因素对住房需求产生的影响相对稳定，短时间内不会有较大变化。Luea（2010）发现住房需求和金融馈赠及支持之间存在明显的正相关关系。况伟大等（2012）采取实证研究的方法分析了23个经合组织国家中影响住房需求的因素，指出影响住房需求的主要因素是人口结构与收入。Najarzadeh 和 Shahidi（2015）利用自回归分布滞后协整法对影响爱尔兰新建住房需求的因素进行了分析，指出长期住房需求和城镇居民平均收入之间存在明显的正相关关系。Głuszak（2015）通过研究发现波兰居民的收入不断上涨，住房需求也不断增加，从而使住房需求总量得到提升。Solak 和 Kabadayi（2016）采取边界测试法，对1964～2014年土耳其的住房需求进行了分析，发现居民收入对住房需求产生极大的影响，当土耳其的经济增长较为明显时，住房需求会比居民收入有更明显的增长，而经济出现衰退时，就会发生与之相反的负面效应。郭克莎和黄彦彦（2018）认为居民的收入差距会引起住房需求的不同，从而推动了投机型住房需求的增长。李成刚和潘康（2018）采用面板数据联立方程，以省级面板数据为基础，实证研究了土地财政和城镇化对住房需求的影响。

（2）关于成本因素方面的研究。Koc（2007）针对住房价格（Mian and Sufi，2011；Mian et al.，2013）、税费和利率等成本因素构建了住房需求理论模型，利用实证研究法对美国佛罗里达州的住房需求进行分析，指出资本利得效应在住房需求方面发挥了极大的作用，自有住房的需求会随着住房价格的上涨而不断增加。Choudhry（2010）指出美国住房需求的重要影响因素是利率，利率与住房需求呈正相关分布，而利率和新增加住房需求之间则存在负相关关系。Dusansky等（2012）通过研究指出住房具备消费和投资两种性质，因此影响住房需求的因素也可以分为两类，一类是投资方面的资本利得因素，另一类是消费方面的需求因素。若购房者的投资型需求大于其消费需求，住房价格会随着住房需求而上升。Attanasio等（2012）通过构建生命周期模型研究住房消费，对信贷约束、住房价格和税收成本等在住房需求中发挥的不同作用进行了分析。发现居民收入增加会增加住房需求，而税收成本和信贷利率增加则会使其减小，在住房价格上升的情况下，公寓（flat）需求会增加，而独栋住房（house）需求则会减小。徐忠等（2012）利用实证研究法对我国住房需求进行了研究，指出因为我国通货膨胀率较高，许多居民选择住房投资来减轻通货膨胀带来的损失，使我国有较大的住房需求量。王文莉和高波（2012）以我国35个大、中城市为研究对象，发现住房需求会随着通货膨胀的加重而减小。Tsai（2013）通过对台湾的住房需求进行实证研究，指出房价上涨使居民的还贷压力增加，自住型需求减小。另外，投资型需求的增加使住房需求的结构产生变动。而这种结构变化反过来又会让住房价格短时间内持续上升，长时间内呈下降趋势。Solak 和 Kabadayi（2016）对1964～2014年土耳其的住房需求进行了分析，发现住房需求与住房价格之间存在正相关关系，而投资型需求是产生这种正相关关系的决定性因素。殷文和沈晓燕（2018）采用方差分析和 Logistic 回归分析对调查问卷数据进行研究，发现城市青年的购房需求受到房价预期、贷款状况和需求类型的影响。

（3）关于制度与政策因素方面的研究。Gervais（2002）通过研究发现，美国对房地产税实行优惠政策，提高了房地产投资收益，相对其他投资而言，房地产投资的更高收益导致购房需求在同一时期内急剧增长，使需求结构严重失衡。郑思齐和王寅啸（2007）在研究住房需求时把预期因素加入实证模型中，通过对成都市的相关调研数据进行分析，指出在其他因素不发生变化时，居民的住房需求会随着预期房价的上涨而增加。高波（2010）发现健全的住房保障制度有利于增加中、低收入人群的住房需求。况伟大（2010）认为当期的利率对当期住房需求的影响不显著，也就是说我国目前使用的利率政策未对住房需求产生调节作用。王永钦和包特（2011）通过分析住房需求指出，提高购房首付金额和征收房地产二次交易税可以使住房需求下降，从而缓解房地产的虚假繁荣现象，保障住房品质与增加市场透明度等政策引导有利于提升购房者的购房理性。蔡明超等（2011）利用仿真预测了国家宏观调控政策组合，指出贷款和首付比例方面的政策对居民住房消费的影响程度最大，其次是利率政策，而税收政策产生的影响最小。赵晓莉等（2012）通过实证研究分析了美国大都市的住房调查数据，发现美国房产税给住房需求带来了明显的负面影响。同时美国大都市的收入水平差距明显，有经济优势的居民的居住型需求高于其他居民，房产税税额增加不会给其住房需求带来太大改变。汤有丽（2013）认为公积金贷款的额度对住房需求具有促进作用，但是公积金贷款利率对住房需求具有抑制作用。Brown 等（2015）通过分析住房需求和新兴区城市增长之间的关系发现，在城市增长过程中，人口数量的增加会使住房需求增加。卢新海等（2016）利用时滞灰色关联分析与灰色关联分析两种研究方法，对北京商品房的供求结构因限购政策而发生的改变进行了分析，发现商品房的供求结构没有因限购政策发生明显改变，但从某种意义上来讲，限购政策对住房需求起到了一定的控制作用。赵霞等（2017）通过灰色关联理论，发现影响杭州市住房需求的因素主要包括人口总量、城市和农村人口结构、人口密度、第二和第三产业的就业比例、户均人口规模、总抚养比、人均可支配收入和性别比例等，同时对杭州住房需求的影响因素从强到弱进行了排序。张顺明等（2018）采用可计算一般均衡（computable general equilibrium，CGE）模型研究了房地产税对经济的影响，认为房地产税减少了住房需求。Chen 等（2018）在我国限购政策的背景下，建立了动态搜索匹配模型，发现虽然限购政策抑制了当前住房需求，但人口对住房需求的冲击增加了租金，进一步导致房价上涨。Kelly 等（2018）用房地产特征价格模型研究了信贷对房地产市场的影响，结果表明宏观审慎限制是影响房价的关键因素。

2. 住房需求弹性相关研究

住房需求弹性是体现居民住房需求特点的核心指标，主要由住房需求收入弹性、住房需求利率弹性和住房需求价格弹性组成（Carliner，1973），学者对住房需求收入弹性最为重视，住房需求收入弹性经常被运用到对住房市场进行具体分类方面的研究中（Chen et al.，2011；高波和王斌，2008），对住房需求利率弹性的分析较少。

Leeuw（1971）测算得出美国的住房需求弹性为1.1～1.5，美国居民主要把自有住房作为居住场所，或者通过住房来彰显其经济能力并通过投资取得回报。Mayo（1981）对西方国家的住房需求收入弹性方面的研究进行了总结，通过微观数据预测其在0.21～0.87，但通过宏观数据分析得出的预测值通常在1.12～1.88。Harmon 和 Potepan（1988）通过对单身居民的自有型住房需求进行分析得出住房需求的永久收入弹性大约是1.00，当期收入弹性大约是0.70。Gandil（1996）通过微观数据对沙特阿拉伯的住房需求进行分析，测算出其收入弹性是0.52。Ermisch 等（1996）对英国的住房需求进行分析，测算结果显示其价格弹性是–0.40，收入弹性是0.50。Fontenla 和 Gonzalez（2009）利用微观数据对墨西哥住房需求的价格弹性进行测算并得出当期收入弹性是0.04，永久收入弹性是0.80，价格弹性是–0.30，利率弹性是–0.39。在 Di（2009）看来，美国居民拥有两套住房的情况不会减少居民的购房需求，但具备两套住房的情况会使住房需求收入弹性降低。Chow 和 Niu（2015）通过研究得出我国城市住房需求的价格弹性是–1.1，收入弹性是1。Mizuta 等（2016）通过分析日本独特的税收体系与房屋所有者，研究了住房市场在老龄化趋势下受住房遗赠影响发生的变化，指出住房供给会因住房遗赠的增加而上升，因此会产生住房需求价格弹性为负值和住房价格下降的现象。Ceritoğlu（2019）通过分析土耳其统计研究所在2003～2014年对居民预算进行调查发现的12次连续波动，得出其永久收入弹性大约是0.24，价格弹性为–0.29～–0.35。

在我国，郑思齐和刘洪玉（2005）在经济与理论方面首次对住房需求收入弹性做出明确定义。通过微观截面数据对北京的住房需求进行测算，得出其收入弹性是0.86，明显低于美国及其他西方国家，该数据表明在北京住房市场中，投资型需求相对较少，多数购房者购房都是出于居住方面的需求。刘洪玉和任荣荣（2008）通过宏观数据与误差修正模型对住房需求方程进行推算，结果显示我国住房需求的短期收入弹性是2.31，长期收入弹性是2.06。Chen 和 Jin（2014）利用2007年国家统计局统计的住房调查数据对上海住房需求的收入弹性进行测算，结果显示收入弹性在0.38～0.45。刘贵（2015）通过研究南京市的自有住房，发现住房需求收入弹性小于1，弹性普遍不足，住房需求以居住型需求为主。Zheng 等（2018）

利用1996～2011年香港四次人口普查数据，估算了租赁住房需求的收入弹性，发现其长期收入弹性在0.536～0.698。方琳等（2018）将南京、武汉、厦门和重庆作为研究对象，分析了多种因素对住房需求弹性的影响，发现不同城市的住房需求弹性不同，且住房需求弹性具有短期和长期两种不同的效应。Liu（2019）通过研究悉尼房地产市场，发现住房需求收入弹性为1.07，而且具有区域差异性。

3. 住房需求结构相关研究

住房需求结构是对居民住房购买意愿与住房喜好的本质反映（刘洪玉和郑思齐，2007）。一般情况下，学者会把住房需求分为居住型需求与投资型需求两种，然后再对影响住房需求的因素和住房需求结构的变化进行研究。高波和王斌（2008）通过研究发现，居住型需求是一种相对具有购买能力的消费性需求，其特点是收入弹性大于价格弹性；而投资型需求则具有较大的价格弹性。Chen 等（2011）通过研究指出可以按照价格弹性对住房市场进行详细分类，同时建立了住房特征价格模型，以此模型测算了深圳市各种面积的住房需求价格弹性，通过测算发现大面积住房的住房需求价格弹性较小，在小面积住房向大面积住房过渡的阶段，价格弹性呈现急剧下降趋势。姜喜龙和李忠富（2012）详细阐释了住房投资需求与住房消费需求的不同含义，指出住房投资需求与住房消费需求因受经济预期与居民经济情况等因素的影响而不同。Du 等（2017）指出，在江苏省的小城镇中，投资型需求与改善型需求已明显高于基本消费需求，且住房需求会随着住房价格的上升而增加，城镇化进程的加快使消费需求不断增长，第三产业的迅速发展使投资需求增加。王建斌和尹微微（2018）通过构建投资型需求的动态随机一般均衡（dynamic stochastic general equilibrium，DSGE）模型，探究外部冲击对住房市场的影响，发现土地供给冲击和正向服务型冲击对投资型需求具有正向影响。王振坡等（2018）在研究居民的租购选择时，将住房需求分为消费需求和投资型需求，发现二者之间的差异是影响居民租购选择的重要因素。

6.1.2 人口老龄化对住房需求的影响研究综述

1. 国外人口老龄化对住房需求的影响相关研究

越来越多的国家和地区已经迈入老龄化社会，推动了国内外学者对老龄化问题的研究，尤其是对老龄化与房地产市场关系的研究。老龄化对房地产市场的影响渠道主要是消费、投资及储蓄决策（Bar and Leukhina，2010）。虽然对该问题的研究众多，但是研究结果并未达成一致（Li et al.，2013）。

从20世纪60年代开始，国外学者注意到老龄化与住房需求之间可能存在某种关联（Mayo，1981），认为人口是影响住房需求的重要因素。但最初对老龄化与住房需求的研究多是定性分析，缺少定量研究（Carliner，1973）。直到20世纪80年代，Mankiw 和 Weil（1989）采用实证方法研究了该问题，基于美国居民住房调查数据，得出在居民不同生命周期阶段，住房需求呈现“驼峰状”变化趋势，老年时期的人均住房消费面积呈现下降趋势。同时，他们认为20世纪70年代美国房价的上涨源于第二次世界大战后“婴儿潮”出生的人口，并据此预测美国1987～2007年的房价会由于需求减少而大幅下跌。随后，Ohtake 和 Shintan（1996）运用协整与误差修正模型以日本为研究对象进行研究，Mcfadden（1994）对美国房地产市场的历史数据进行分析，Ermisch 等（1996）从微观角度对英国进行研究，均得到了与 Mankiw 和 Weil 相似的结论，即老龄化对住房需求有着显著的负向影响。然而，预测结果与实际并不相符，美国的房价不仅没有下降，反而增长了近30%。有学者依据美国20世纪90年代以后房价继续上涨的现象，对 Mankiw 和 Weil 的结论提出了质疑。Levin 等（2009）从三个方面对 Mankiw 和 Weil（1989）的研究进行了批判，一是用横截面数据去预测未来走势是不可行的；二是未考虑老龄化对住房供给的影响；三是未考虑影响住房需求的收入、财富等其他变量的作用。Levin 等（2009）通过改进 Mankiw 和 Weil 提出的模型，即加入了代表经济发展、居民收入等因素的变量，对英格兰和苏格兰进行数据研究，发现人口减少和人口老龄化均会对房价产生下行压力。Holland（2004）重新对美国的数据进行协整检验，发现“婴儿潮”出生的人口对住房需求产生了正向影响，但这些人口的增加不足以成为房价上涨的主要原因，房价上涨更主要的原因来源于房地产投资型需求的增加。Green 和 Hendershott（1996）认为在加入收入及教育等因素作为控制变量之后，老龄化对住房需求的负向影响不会像 Mankiw 和 Weil 说的那样严重，而是将变得平缓。Ermisch（1996）、Green 和 Hendershottb（1996）、Myers 和 Ryu（2008）等众多学者在对 Mankiw 和 Weil 的模型进行改进（即加入经济、教育、住房供给等控制变量）后，证明了人口老龄化会降低住房需求的结论。

目前，多数国外学者仍持有老龄化对住房需求进而对住房价格会产生负向冲击的观点。Bakshi 和 Chen（1994）、Cocco（2004）从投资和收益的角度出发，认为随着年龄的增长，居民会将持有的房地产资产转变为金融或其他资产，从而使住房需求减少。Lindh 和 Malmberg（2008）通过研究瑞典的数据，认为随着年龄的增长，居民对住房投资的热情降低，从而导致住房需求降低。Abel（2001）借助代际交叠模型，从房产遗赠的角度发现退休人口的增加会显著降低住房需求。Malmberg（2012）以挪威为研究对象，同样持有老龄化对住房市场具有负向冲击的观点。Mizuta 等（2016）通过研究日本住房所有者的死亡率、住房遗赠和税收体系发现，人口老龄化将会导致住房需求下降。Mehrotra 和 Carter（2017）应用年龄段队列分析方法对1970～2010年多单元住房的人口普查数据进行分析，发现从长远来看，由于人口年龄结构的老龄化，未来住房需求将会放缓。除此之外，还有部分学者认为老龄化与住房需求之间并不存在显著的关系，或老龄化对住房需求存在正向影响。例如，Engelhardt 和 Poterba（1991）以加拿大人口及房地产数据为研究对象，发现二者之间并无显著的正向或负向关系。Chen 等（2012）以苏格兰等国家为样本，也发现了老龄化与住房价格之间不存在相关关系。Lee 和 Lim（2013）通过对韩国人口及房地产市场的研究发现，社会属性会对居民的住房需求产生影响，韩国的老年人更倾向购买大户型住房，这一因素在老龄化负向影响住房需求的过程中起到了缓冲作用。

2. 国内人口老龄化对住房需求的影响相关研究

国内学者对人口老龄化与住房市场需求的研究起步较晚，而且最初对该问题的研究仅仅是定性分析。例如，顾鉴塘（1997）定性分析了人口年龄结构对我国住房需求的影响，发现居民对住房需求的偏好随着年龄的增长具有不同的特点。李健元等（2011）发现我国历次“婴儿潮”的出现，对住房需求都有极大的推动作用。杨华磊等（2015a）同样认为人口年龄结构会影响住房需求，同时青年人的婚育意愿对住房需求有极为重要的影响。

近年来，伴随着我国人口老龄化程度的加深，城镇化的快速推进，人口与房地产市场的关系也逐渐成为众多学者关注的焦点，从而推进了对人口老龄化与住房需求的定量研究。国内较早采用实证模型分析老龄化与住房需求关系的学者是谢贤程（1995），他将 Mankiw 和 Weil 的模型运用到中国市场，并进行了相应改进。施建军和张琳（1999）以江苏省为研究对象，分析了影响住房需求的主要因素，其中包括人口年龄结构。谢琛和袁建华（2010）采用灰色理论的方法研究了人口老龄化与住房需求的关系，并将不同年龄段的住房需求划分为刚性需求及改善型需求。但国内对老龄化进程中住房市场变化的研究并没有达成一致观点。部分学者认为老龄化进程中导致的劳动年龄人口减少，以及社会经济的变化，均会对住房需求产生负向影响。张昭和陈兀桐（2009）认为人口老龄化对住房需求的影响为，因为赡养老年人支出的增加而降低青年人的购房需求。李祥和高波（2011）区分了适婚年龄人群的刚性需求、收入峰值年龄人群的改善型需求及老年人的住房需求，认为前两种住房需求较大，而最后一种住房需求明显小于前两者。陈斌开等（2012）根据我国第五次人口普查数据，通过实证分析，发现我国人口年龄结构与住房需求之间具有倒 U 型关系，并预测了受老龄化的影响，我国未来住房需求的拐点。李超等（2015）基于面板空间计量模型，分析了我国老龄化对住房需求的影响，发现当前住房需求的增加受到老年人的“利他主义”影响，并预测了我国未来住房需求的倒 U 型的发展趋势，认为2025年是我国住房需求的拐点。陈国进等（2013）从“利他主义”角度考察了当前住房需求增长的原因，随着老龄化程度的继续加深，“利他主义”的思想将减弱，老龄化仍然会对住房需求产生负向作用。肖洋和宋旭（2014）采用实证研究发现老年人口抚养比的上升导致商品房的价格下降，且存在区域差异。总体来看，国内多数学者认为老龄化对住房需求具有负向影响，但仍有少数学者持相反态度，认为老龄化会催生居民对其他类型住房的需求。例如，刘颖春（2004）、杨霞和徐邓耀（2011）等的研究认为，受老年人的养老型住房或其他类型住房需求的影响，老龄化的深化可能会促进住房需求的增加。张冲（2014）发现，随着老年人口的增加及代际结构的变化，家庭数量将会增加，老年人独立居住的比例增大，因此老年人的增加将会增加对住房的需求。黄尚（2016）认为老龄化会增加住房需求，这主要是因为老年人对子女购房资助的影响，而不是老年人自身的住房需求。刘菁和董迎春（2017）从人口结构角度出发，发现老年抚养比与住房需求呈正相关关系，并预测未来15年我国房地产市场的刚性需求仍具有增长趋势。

不仅如此，仍有学者发现老龄化对住房需求的影响不显著，可能是受诸如经济发展、城镇化、家庭规模等其他因素的影响，且老龄化对住房需求具有短期及长期效应。徐建炜等（2012）研究表明经济合作与发展组织（Organization for Economic Co-operation and Development，OECD）国家的人口抚养比与房价有显著的负相关关系，但我国老年人口的增加没有带来房价的显著下降，可能与我国的市场化体制转型及阶段性的人口政策密切相关（王美遐，2017）。Li 等（2013）认为老龄化在影响住房需求的过程中存在一个拐点，拐点之前为正向关系，拐点之后为负向关系，而我国的老龄化拐点为32%（老年抚养比）。Wang 等（2015）通过构建世代交叠模型得出人口老龄化抑制住房需求的结论，通过对我国2002～2013年31个省区市的面板数据进行回归分析验证了这一观点，并指出城镇化将会在一定程度上抵消这种负向影响。曾洋洋等（2015）基于向量自回归（vector autoregression，VAR）模型发现，老龄化和家庭结构小型化都对我国房价具有推动作用。叶永刚等（2016）构建了包含人口年龄结构、预期房产收益率、利率的房价决定模型，发现老人赡养负担对房价的影响是不确定的。有研究表明老龄化带来的房价波动滞后于老龄化进程，但在长期和短期内存在不同的效应。在短期内，老年人口比例对房价具有负向作用，在长期内则具有正向作用（邹瑾，2014；邹瑾等，2015）。然而，邹瑾（2017）的研究又指出，老龄化在长期是否会导致房价下降取决于青年人群的住房购买能力。李通屏等（2017）采用系统广义矩估计方法，发现人口老龄化提高了中国房价，但人口老龄化预期有抑制房价上涨的作用。胡金星和顾娟（2017）采用实证分析发现，从全国层面看，人口老龄化对房价具有负向影响；从区域层面看，发达地区的老龄化与房价有显著的负相关性，次发达地区的老龄化与房价有较弱的负相关性，而欠发达地区的老龄化与房价有显著的正相关性。胡明志等（2017）通过构建住房价格均衡模型，发现在特定阶段，老龄化对房价的抑制作用不明显，但随着时间推移，当房改红利消耗殆尽时，老龄化的加剧仍会不可避免地抑制房价上涨。武力超等（2018）通过对比研究中国、日本、美国三国的房地产市场，发现导致人口结构对住房需求具有不同影响的主要原因是所处的城市化进程不同。

综上，国内外学者在老龄化影响住房需求的结论上并未达成一致，多数学者认为人口老龄化对住房需求有显著的负向影响，但仍有部分学者认为受其他因素影响，老龄化对住房需求的影响并未显现，少数学者认为二者之间存在正向关系甚至并无显著相关性。同时，在研究老龄化与住房需求关系的文献中，多数学者采用了截面数据、时间序列数据或者面板数据等进行实证分析，但是对老龄化与房地产等其他因素间复杂关系的理论机理分析不足，缺少复杂系统视角的论证。

6.1.3　家庭结构对住房需求的影响研究综述

从最初的扩张式家庭结构到近现代的核心式家庭结构，家庭结构经历了漫长的发展与演变。家庭结构发生改变的原因主要包括两方面：一方面，随着社会的进步及科学技术等的不断发展，包括电话在内的各种通信设备已经广泛应用到人类生活之中，即使相隔很远的亲朋好友也可以快速、便捷地获得联系与交流；另一方面，进入以高出生率和低死亡率为特点的人口增长阶段后，人均寿命普遍延长，随着家庭成员不断增加，已婚子女纷纷搬出原始家庭，同时，晚婚晚育也使代际长度（generation length）不断延长，在一定程度上抑制了扩张式家庭结构的发展，在此种大背景下，核心式家庭结构应运而生，在家庭人口缩减的同时，家庭规模数量也不断增多。

1. 国外家庭结构对住房需求影响的相关研究

在 Muth（1960）看来，租房需求和家庭结构间有某种联系，同时指出对住房需求产生主要影响的是家庭生命周期与家庭结构等家庭特征，但并未研究和分析其影响方式。Olsen（1969）通过对房产市场中的供求关系和人口结构进行定性研究，同样指出对住房需求产生主要影响的是家庭生命周期与家庭结构等家庭特征。Horioka（1988）对家庭规模影响住房需求的方式进行了详细阐述，指出住房需求和家庭规模之间存在负相关关系，也就是随着家庭规模的不断扩大，可以用来购买住房的资金会逐渐减少，对住房的需求也会下降。Poterba 等（1991）指出包括家庭人口数量在内的家庭特征通过对住房需求产生影响，也会使住房价格产生波动，但同时也质疑了这种住房价格波动发生的时间。Green 和

Hendershott（1996）通过分析1980年的住房需求与人口普查数据发现，居民受教育程度与家庭规模是对住房需求产生重要影响的因素。Gabriel 等（1999）通过经济学理论实证分析了住房价格在加利福尼亚州的变化规律，发现大量人口迁移是使住房价格产生变化的核心因素。但是在人口增长趋于稳定的阶段，家庭规模的不断扩大会给住房市场的发展带来显著的推动作用。Hugo（2005）通过对澳大利亚的住房市场进行研究，指出住房需求会随着家庭数量的增长而不断扩大。Lauf 等（2012）发现尽管人口数量在不断减少，但家庭规模的持续缩小也增加了对住房的需求。

2. 国内家庭结构对住房需求影响的相关研究

我国特有的计划生育政策，推动着我国人口结构及家庭结构的变化，使我国形成以核心家庭[①]为主的家庭结构模式。同时，家庭中的人口数量，即家庭规模呈现出逐步减小的趋势。

我国学者最初采用定性方法展开家庭结构对住房需求影响的研究。郭庆松（1996）依据家庭生命周期的理论对家庭结构进行了不同分类，对各种家庭结构和与之对应的消费模式、消费偏向与消费习惯等进行了定性研究。在宋萍（1998）看来，家庭数量增多且家庭规模越来越小，会提升居民对住房的需求，使住房消费在居民总消费中的比重加大。姚玲珍（1998）指出家庭对住房的需求会随着时间的推移和家庭结构的变化而有所区别，对结婚不久的家庭来说，由于家庭人口较少且购买能力不高，对住房的需求较为基础；而进入孩子成长时期，由于孩子教育和生活等需求的增加，对住房品质和空间的需求也会有所提升；进入晚年时期，住房需求会随着老年人的特殊生活需求而有所变化。李晓娥（2005）认为随着传统家庭养老意识日益减弱，小规模的家庭越来越多，家庭数量的逐渐增加会不断提升居民对住房的需求。

近年来国内逐渐出现了定量研究家庭结构对住房需求影响的文献。蒋耒文和任强（2005）通过定量分析发现我国日后的住房需求变化会受到人口数量、家庭结构与家庭数量等多种因素的影响，同时还对2015年的住房需求情况做出推算，指出在2015年前，住房需求虽有较小变化，但整体缓慢增加，但在2015年之后，住房需求会呈现缓慢减少的趋势。陈彦斌和陈小亮（2013）指出目前我国普遍存在的小型家庭结构会使居民对住房的需求持续增加，2045年以后，老龄化带来的负面冲击就会改变这种趋势。张洋洋（2016）在我国大、中型城市中选取了35个城市作为研究对象，通过家庭特征需求价格模型定量研究了这些城市中的家庭特

① 核心家庭是家庭结构类型的一种，指由一对夫妻及其未成年或未婚子女组成的家庭。这种家庭结构简单，由夫妻、父子（女）和母子（女）组成的三角关系支撑，是所有家庭中最稳定的一种形式。

征和住房价格之间的变化规律，最终发现住房价格和家庭规模之间存在正向关系。刘菁和董迎春（2017）利用升级面板数据，对人口结构和住房需求的关系进行了研究，指出住房需求和平均家庭规模之间呈负相关，同时认为居民对住房的刚性需求在未来15年里依然会不断增加。陈春流和卢万青（2017）通过 probit 模型筛选了2011年我国家庭金融调查（China household finance survey，CHFS）数据，实证研究了我国的住房需求，指出居民对住房的需求会随着家庭规模的不断扩大而有所增长。在方勇华（2017）看来，相对人口总量而言，家庭中的成员数量会给房价带来更明显的影响，结合我国多年来的人口普查数据，依据家庭规模和家庭户数量等家庭特征的变化规律对将来的住房需求和家庭数量的发展趋势做出了推测。

综上，在研究住房需求与家庭规模之间的关系时，国内学者和国外学者大多采用的是定性研究法，定量分析较少且集中于实证分析，在实证分析中仅将家庭规模作为控制变量而非主要变量进行研究，并且较少探究家庭结构对住房需求影响的内在机理，以及家庭结构与老龄化的互动作用。

6.2　各子系统的作用机理分析

人口子系统、家庭子系统及住房需求子系统之间既相互独立，又相互关联，三个子系统之间存在错综复杂的关系，以下分别对三个子系统两两之间的主要关联关系进行分析。

1. 人口子系统与住房需求子系统之间主要存在以下相互关联

1）人口总量对经济的影响

人口总量对人均 GDP 产生影响，进而影响人均可支配收入及人均居住面积（蒋耒文和任强，2005）。

2）人口总量对住房需求的影响

一方面，人口总量通过影响人均居住面积从而对购买力水平产生影响，同时还影响了普通自住型需求的增加（李爱华等，2006）；另一方面，人口总量通过影响绿色住房目标客户的数量，对绿色住房需求产生影响（王肖文和刘伊生，2014），从而影响了总的住房需求。

3）老龄化对住房需求的影响

老龄化对住房需求的影响包括两个方面，一方面，老龄化影响了整个社会的总储蓄率（杨华磊，2015），总储蓄率又影响居民的购买力水平，从而老龄化对普通自住型需求产生影响，最后影响了总的住房需求（郭娜，2016；Hiller and Lerbs，

2016）；另一方面，老年人口的变化影响了养老住房目标客户的变化，对养老住房需求产生影响（杨巧，2013），从而对总的住房需求产生影响。

4）住房需求对出生率的影响

住房需求的增加对房价的刺激作用增加了房价收入比，而房价收入比又会对人口出生率产生负向影响（Dettling and Kearney，2014；Hui et al.，2016；宋德勇等，2017）。

2. 人口子系统与家庭子系统主要存在以下相互关联

（1）人口总量与家庭规模共同决定家庭户数的变化。

（2）出生率通过影响家庭子女的数量而对家庭规模产生影响（胡湛和彭希哲，2014）。

（3）出生人口的变化会对各家庭户类型的数量产生影响。若某一家庭有出生人口，1代户家庭会转变为2代户家庭，2代户家庭转变为3代户家庭，3代户家庭转变为4代户家庭，从而出生人口的增加会减少1代户家庭的数量，增加2代户、3代户和4代户及以上家庭的数量。

3. 家庭子系统与住房需求子系统主要存在以下相互关联

（1）家庭规模对家庭可支配收入产生影响，家庭规模越大，家庭可支配收入越高，从而家庭的房价收入比越低（张清勇，2007）。

（2）各家庭户类型对普通自住型需求具有重要影响。本书将普通自住型需求设定为不同家庭户类型具有不同的家庭居住面积，同时各家庭户类型中由于存在不同年龄的人口，又会产生刚性需求与改善型需求两种类型的住房需求（蒋耒文和任强，2005）。

（3）人均可支配收入对家庭规模的影响为，人均可支配收入越高，家庭支付能力越强，从而家庭规模越大（方大春和裴梦迪，2018）。

6.3　综合系统模型构建

6.3.1　系统因果回路图构建

由以上三个子系统之间关系的作用机理分析，构建我国人口老龄化与家庭结构对我国住房需求影响的综合系统的因果回路图，如图6.1所示。

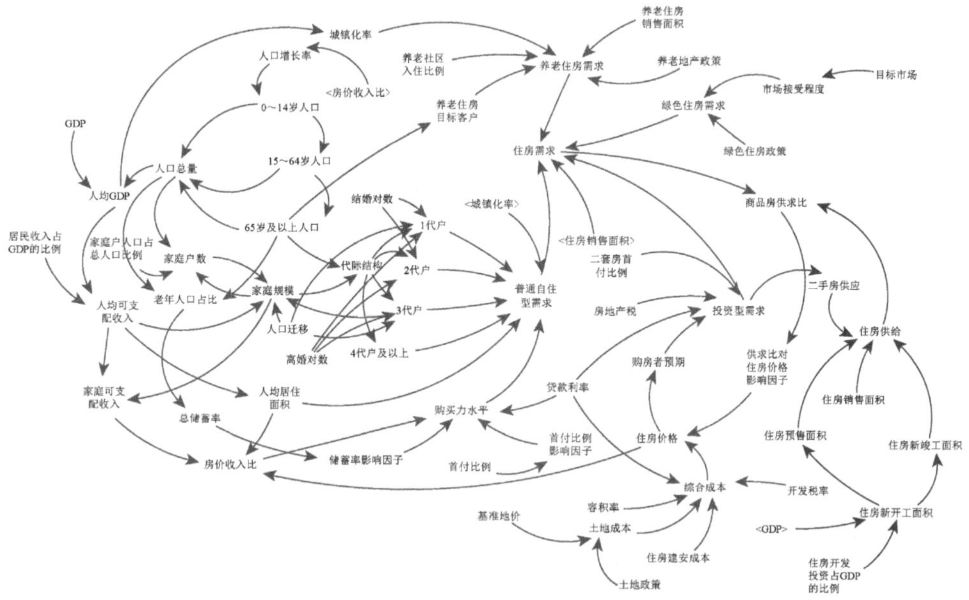

图 6.1　综合系统因果回路图

6.3.2　存量流量图构建

在因果回路图的基础上，构建人口老龄化与家庭结构对住房需求影响的综合系统的存量流量图，如图6.2所示。

6.3.3　参数设定与校准

将三个子系统进行综合后，由于各子系统之间的相互关系，部分变量的参数或变量之间的关系发生了改变，需要对其进行校准，主要参数的设定与校准如下。

1. 普通自住型需求增加

普通自住型需求按照不同的家庭户结构具有不同的家庭居住面积，同时依据适婚年龄的刚性需求及改善型需求进行设定，其中具有刚性需求的为25～34岁人口，具有改善型需求的为45～54岁人口。

在家庭平均居住面积方面，采用北京大学开放研究数据平台的中国家庭追踪调查（Chinese family panel studies，CFPS）中2010～2016年的数据，由该数据统计得到2010年1代户家庭、2代户家庭和3代户及以上家庭的家庭平均居住面积分别为94.62米^2、115.26米^2、136.49米^2，因此将家庭平均居住面积的初值按照该统计所得数据进行设定，并按人均居住面积的增长率逐年增长。

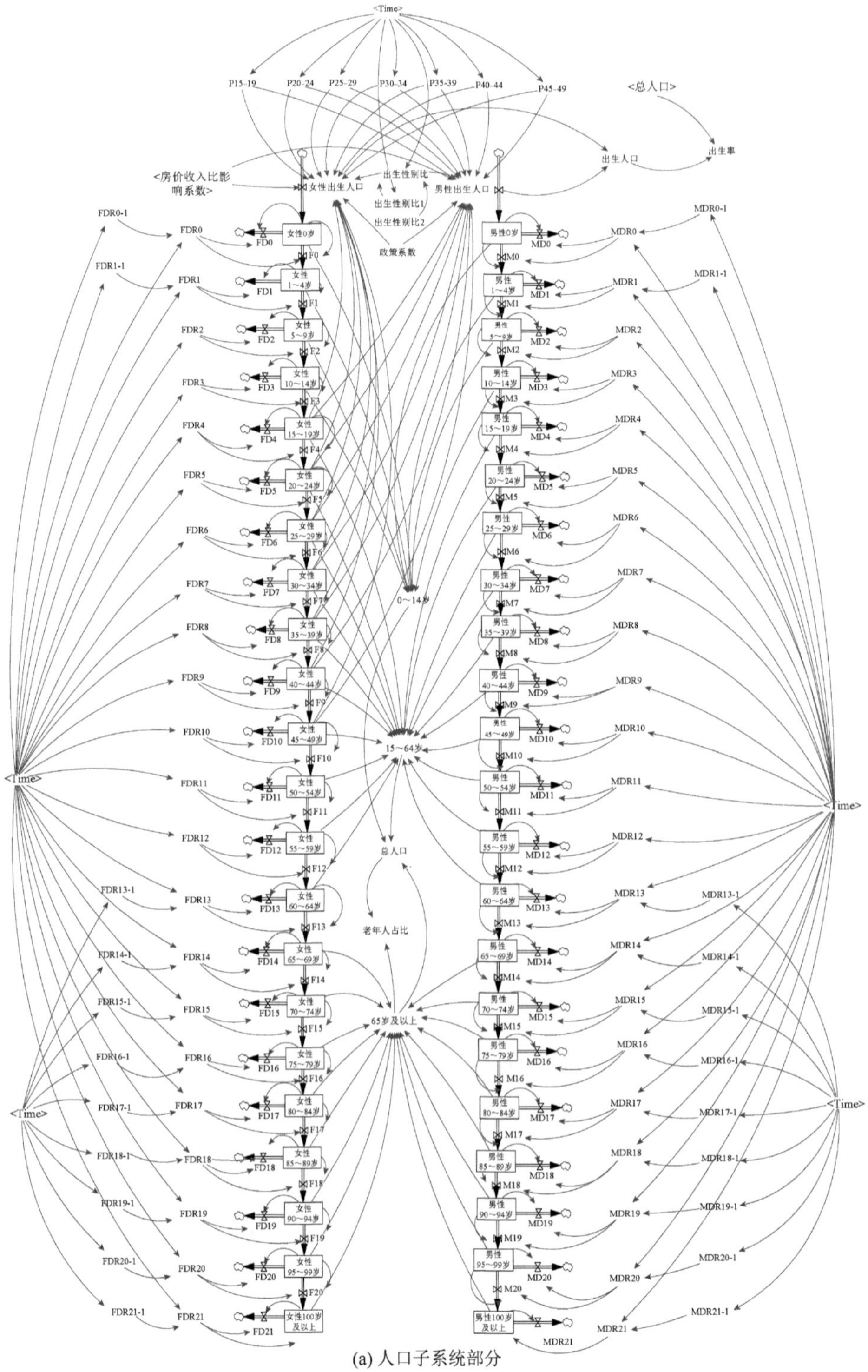
<Time>
P15-19
P20-24
P25-29
P30-34
P35-39
P40-44
P45-49
<总人口>
出生人口
出生率
<房价收入比影响系数>
女性出生人口
男性出生人口
出生性别比
出生性别比1
出生性别比2
政策系数
0～14岁
15～64岁
65岁及以上
总人口
老年人占比

(a) 人口子系统部分

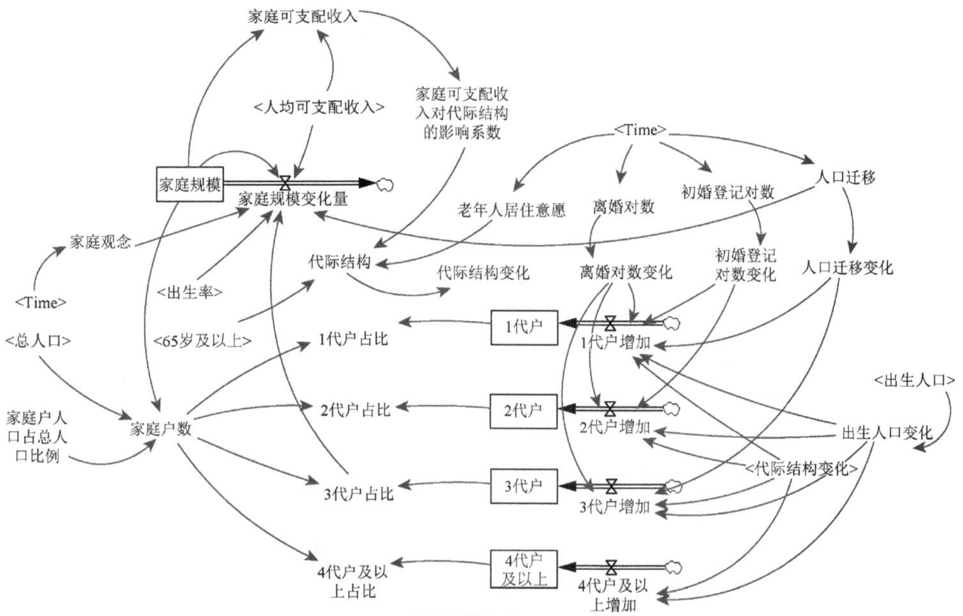

(b) 家庭子系统部分

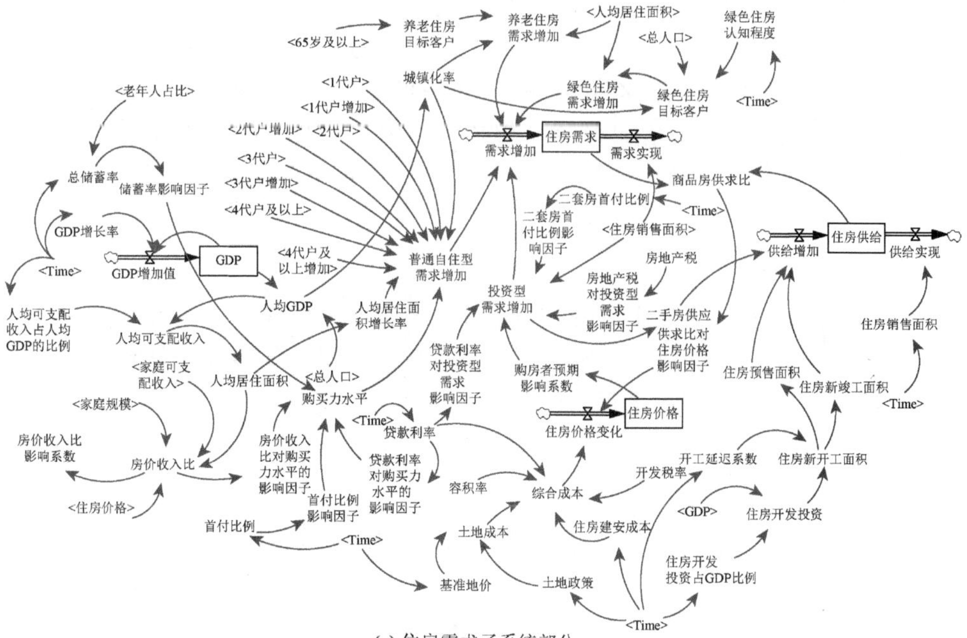

(c) 住房需求子系统部分

图 6.2　综合系统存量流量图

对于各类家庭结构（即1代户、2代户和3代户及以上家庭）中适婚年龄人口及具有改善型需求的年龄人口的占比，同样采用 CFPS 的调查数据，分别对各类家庭结构中包含适婚年龄人口和具有改善型需求的年龄人口的家庭数量进行统计，并分别计算在1代户家庭、2代户家庭和3代户及以上家庭中适婚年龄家庭和具有改善型需求的年龄家庭的比重，得到的计算结果如表6.1所示。

表 6.1　各类家庭结构刚性需求及改善型需求占比

	1 代户家庭	2 代户家庭	3 代户及以上家庭
含 25～34 岁人口的家庭占比	0.15	0.19	0.02
含 45～54 岁人口的家庭占比	0.20	0.36	0.13

由表6.1的结果分别得到各类家庭结构的刚性需求及改善型需求的占比，依据我国结婚比例，25～34岁人口中结婚人口约占40%，而结婚人口中有80%具有购房需求，在适龄改善型需求人口中有60%具有潜在改善型需求。

综合以上对各类家庭结构中两类住房需求占比的分析，将我国普通自住型需求增加设定为如下方程：

普通自住型需求增加＝购买力水平×城镇化率×{[“1代户”×0.15×94.62＋“2代户”×0.19×115.26＋（“3代户”＋“4代户及以上”）×0.02×136.49]×0.8×0.4＋[“1代户增加”×0.2×94.62＋“2代户增加”×0.36×115.26＋（“3代户增加”＋“4代户及以上增加”）×0.13×136.49]×0.6}×（1＋人均居住面积增长率）

2. 老年人口及其占比

在上述家庭子系统及住房需求子系统的构建中，并未对老年人口及其占比进行详细的设定，此处将其设定为人口子系统中根据各年龄段汇总的老年人口（65岁及以上）总数，以及老年人口占比。

3. 房价收入比影响系数

人口子系统中的出生人口，仅考虑了与人口紧密相关的生育率、出生性别比和政策系数，基于各子系统作用机理的分析，房价对出生率具有负向影响。同时，根据已有研究（易君健和易行健，2008；宋德勇等，2017）将房价收入比对出生人口的影响系数设定如下：

房价收入比影响系数＝1–[房价收入比–DELAY1（房价收入比，1）]/DELAY1（房价收入比，1）×0.51

6.4　模型检验及仿真

6.4.1　模型检验

1. 历史值检验

人口老龄化和家庭结构对住房需求影响的综合系统模型的历史值检验结果见表6.2，其误差值在系统动力学模型检验通常规定的范围内，通过历史值检验说明模型具有良好的稳健性和有效性。

表 6.2　综合系统仿真结果与实际值对比

时间	总人口实际值/万人	总人口仿真值/万人	误差/%	家庭规模实际值/(人/户)	家庭规模仿真值/(人/户)	误差/%
2000	126 743	125 941	−0.63	3.44	3.44	0.00
2001	127 627	126 833	−0.62	3.42	3.33	−2.69
2002	128 453	127 730	−0.56	3.39	3.27	−3.60
2003	129 227	128 529	−0.54	3.38	3.23	−4.32
2004	129 988	129 574	−0.32	3.36	3.24	−3.63
2005	130 756	130 622	−0.10	3.13	3.25	3.83
2006	131 448	131 529	0.06	3.17	3.25	2.49
2007	132 129	132 445	0.24	3.17	3.25	2.40
2008	132 802	133 452	0.49	3.16	3.25	2.97
2009	133 450	134 586	0.85	3.15	3.27	3.81
2010	134 091	135 517	1.06	3.10	3.26	5.29
2011	134 916	136 098	0.88	3.02	3.23	6.82
2012	135 922	136 579	0.48	3.02	3.18	5.33
2013	136 726	137 246	0.38	2.98	3.16	5.87
2014	137 646	137 834	0.14	2.97	3.13	5.49
2015	138 326	138 402	0.05	3.10	3.12	0.48
2016	139 232	138 629	−0.43	3.11	3.07	−1.16
2017	140 011	139 281	−0.52	3.03	3.06	1.09
2018	140 541	139 698	−0.60	3.00	3.04	1.47
2019	141 008	139 926	−0.77	2.92	3.01	3.22
2020	141 212	140 043	−0.83	2.62	2.88	9.92

2. 极端性测试

在综合系统模型中，将生育率的初始值设定为0，观察人口总量、家庭规模的变化，仿真结果如图6.3和图6.4所示。

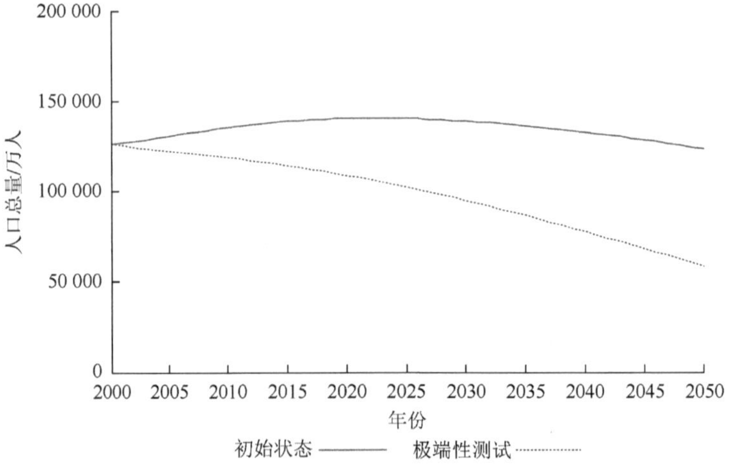

图 6.3 人口总量极端性测试

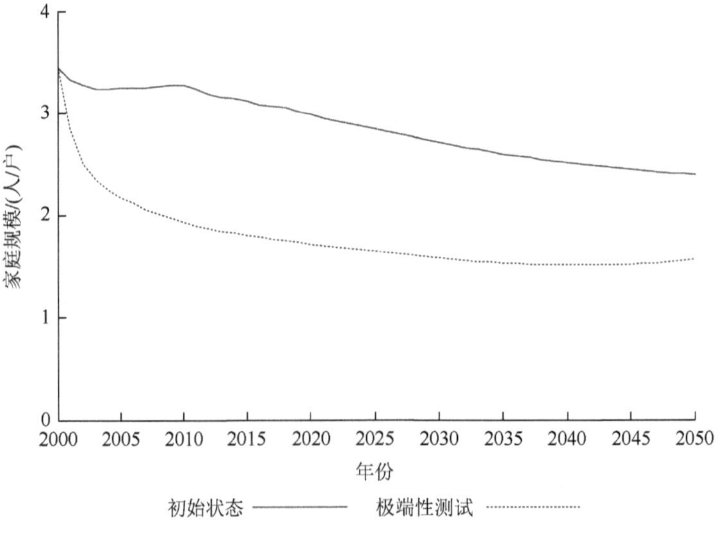

图 6.4 家庭规模极端性测试

由极端性测试结果可以发现，当将生育率设定为极端值0时，人口出生率变为0，因此人口总量呈现逐渐减少的趋势。而家庭规模受到众多因素的影响，其中包括出生率，当出生率变为0时，意味着家庭内部无子女出生，仅为夫妻双方或单身的个人，因此家庭规模将在1.5人/户左右波动，这与实际中当生育率为0时导致的结果相符，表明模型通过极端性测试。

由历史值检验及极端性测试发现模型具有良好的拟合效果，从而验证了模型的有效性及可信性。

6.4.2　模型仿真

对本章构建的老龄化及家庭结构对我国住房需求影响的综合系统模型进行仿真，得到主要变量的仿真结果如图6.5～图6.9所示。

图6.5和图6.6显示了人口总量及各年龄段人口的仿真结果。从人口总量来看，在2000～2050年的50年内，我国人口呈现先增加后减少的趋势，具体表现为2000年的人口总量为12.59亿人，之后逐步增加，2023年达到人口峰值14.01亿人，伴随着出生率的下降及育龄妇女人口的减少，人口开始出现逐步下降的趋势，2050年总人口降低到12.34亿人。该结果与已有对人口预测的研究结果类似，例如，翟振武等（2017）对我国人口总量的预测结果，他认为我国人口总量将在2029年达到峰值，之后将进入负增长时期。

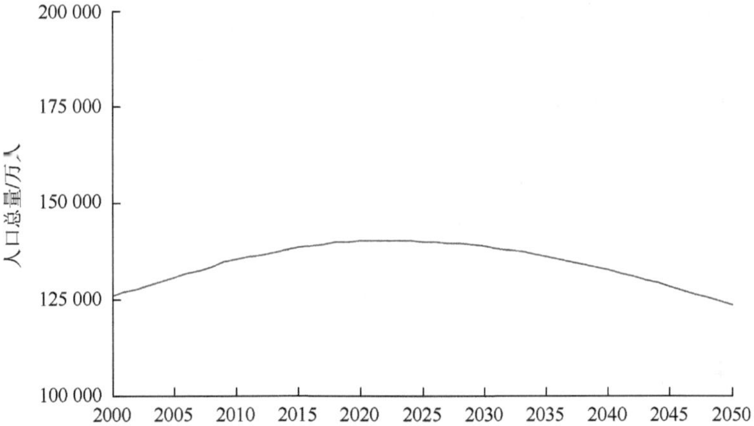

图 6.5　人口总量仿真结果

对于各年龄段人口，少年人口（0～14岁）数量逐步减少，中青年人口（15～64岁）数量先增加后减少，老年人口（65岁及以上）数量持续增加，但增加速度先快后慢。老年人占比逐步增加，由2000年的6.47%增长到2050年的25.27%，可见我国老龄化程度越来越严重。

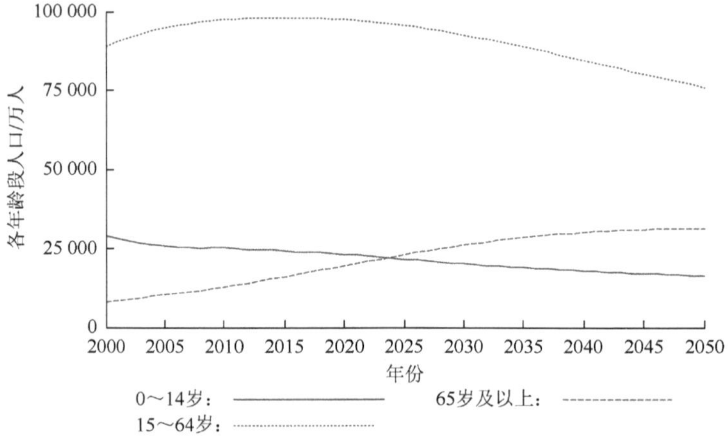

图 6.6　各年龄段人口数量仿真结果

家庭规模和家庭户结构占比的仿真结果如图6.7和图6.8所示，受人口出生率降低、单身家庭增加、老年人独居意愿加强等因素的影响，我国家庭规模也呈现出逐步缩小的趋势，家庭规模从2000年的3.44人/户降低到2050年的2.40人/户。该结果与学者通常认为的家庭规模转变历程类似，即家庭规模小型化的趋势（Jiang and O'Neil，2010；傅崇辉，2016）。

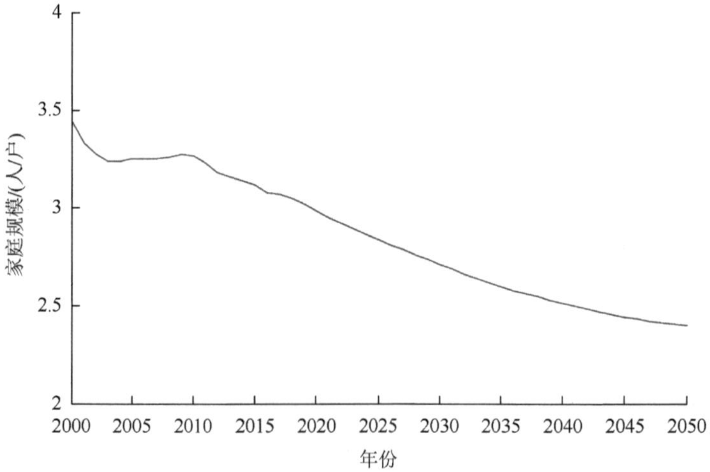

图 6.7　家庭规模仿真结果

全面二孩政策的实行并未改变我国人口总量下降及家庭规模缩小的趋势（朱喜安等，2016），主要是由于全面二孩政策实行后增加的是中、青年人群中的二孩生育人口，而受房价增加、观念转变等因素的影响，青年人群生育意愿的下降并未因二孩政策而发生逆转，因此在二孩效应结束后，生育率再次恢复到全面二孩政策之前的水平甚至更低。受出生率降低、结婚率降低、结婚年龄推迟、离婚率增加、单身人数增加等因素的影响，我国家庭户结构也出现较大变化，1代户家庭占比总体呈增加趋势，2代户家庭占比降低，3代户家庭和4代户及以上家庭占比几乎保持不变。未来呈现出以1代户家庭和2代户家庭为主导，3代户家庭为辅的家庭户结构格局，且在2035年左右，1代户家庭占比（37.48%）将有望超过2代户家庭占比（37.42%）。

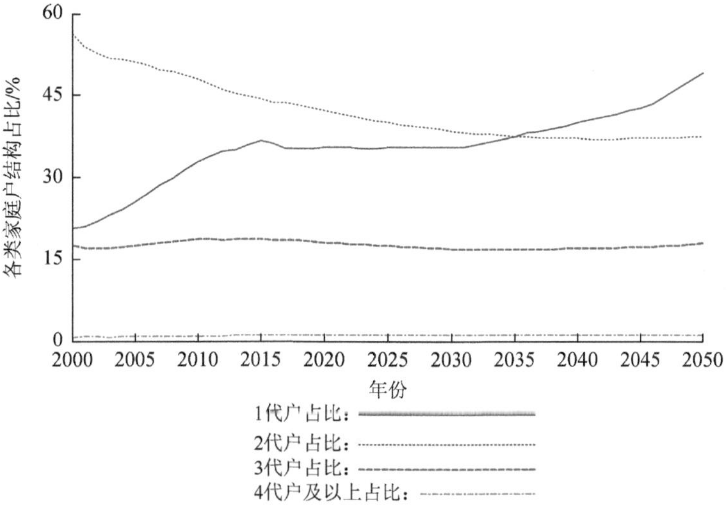

图 6.8　家庭户结构占比仿真结果

对人口规模、人口结构、家庭规模及家庭户结构的研究，为研究住房需求奠定了人口方面的基础，在此基础上，我国住房需求与供给的仿真结果如图6.9所示。从图6.9中可以发现，我国住房需求呈现先增加后减少的趋势，这与已有研究结论一致（杨华磊等，2015b）。当前，出生率及人口老龄化对我国住房需求影响的负面作用并未体现，但是这种负向影响在未来将逐渐呈现出来，这也与已有研究结果类似（陈彦斌和陈小亮，2013；郭克莎，2017）。在住房供给方面，我国住房供给呈现持续增加的趋势，且在未来有望超过住房需求。

人口总量的增加、适龄购房人口的增加及城镇化率的增加使我国住房需求逐步增加，在2028年达到峰值134亿米^2，2028年之后，受购房人口减少、老龄化程度加深及城镇化率增加减缓的影响，我国住房需求开始出现下降趋势。伴随着住房需求的减少及住房供给的增加，在2045年左右出现住房供给大于住房需求的现象。

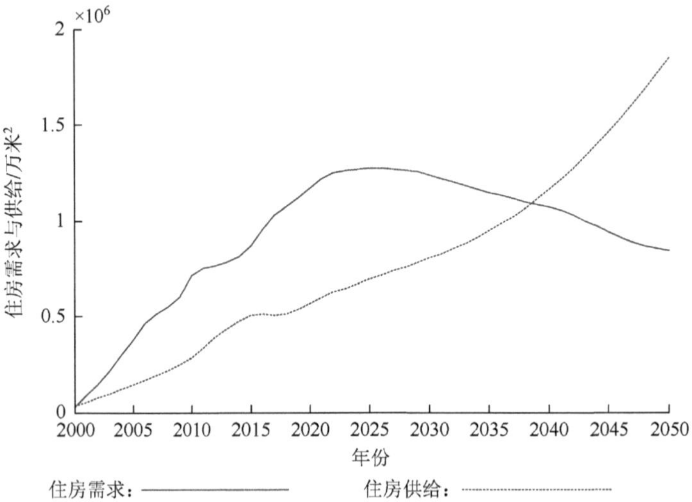

图 6.9　住房需求与供给仿真结果

第 7 章　模型仿真与情景模拟

在人口老龄化及家庭户结构小型化的背景下，我国人口结构、家庭户结构及住房需求都随之发生变化，通过第6章构建的我国人口老龄化及家庭户结构对住房需求影响的系统动力学模型，仿真模拟了2000～2050年我国人口总量、家庭规模及住房需求的发展趋势，仿真结果显示我国人口总量、家庭规模都将面临着下降趋势，在各种因素的作用下，住房需求也在未来出现下降。如何调控人口政策、房地产政策，以维持我国人口发展的稳定及房地产市场的健康、平稳发展是本章主要解决的问题。

7.1　人口政策调整的情景模拟

基于第6章构建的老龄化和家庭户结构对住房需求影响的系统动力学模型，对人口结构及住房需求进行了预测，为了探讨人口政策的改变对人口总量及人口老龄化发展趋势的影响，以下对综合系统进行人口政策调整的情景模拟。人口政策调整的情景模拟设定为2021年全面放开计划生育政策，同时，计划生育政策的全面放开将使青年人的生育意愿分别提高10%、20%和50%，在模型中分别对应全面放开计划生育1、全面放开计划生育2和全面放开计划生育3。此时，系统动力学模型中仅调整了育龄妇女的生育意愿，其他变量的参数值保持不变，进而观察人口政策调整对系统中的人口总量和住房需求等变量的影响。分别对三种情景进行仿真模拟，得到的情景仿真结果如图7.1～图7.4所示。

首先来看人口总量（图7.1），在全面放开计划生育政策从而提高了育龄妇女的生育意愿之后，人口总量的发展趋势并未改变，但是人口总量由增加变为减少的拐点时间推迟，人口峰值相对初始状态有所增加，分别表现为生育意愿提高10%后的人口拐点发生在2025年，人口峰值为14.05亿人；生育意愿提高20%后的人口拐点发生在2027年，人口峰值为14.11亿人；生育意愿提高50%后的人口拐点发生在2035年，人口峰值为14.47亿人。

生育意愿提高后，人口出生率相应增加，对减缓老龄化进程具有重要影响，如图7.2所示。在生育意愿分别提高10%、20%和50%三种情景仿真下，老年人口占比的增长速度相对初始状态均有所减缓，2050年老年人口占比分别达到了24.53%、23.83%和21.90%，相对初始状态的25.27%均有减少，说明计划生育政策的全面放开对缓解老龄化进程有所影响。

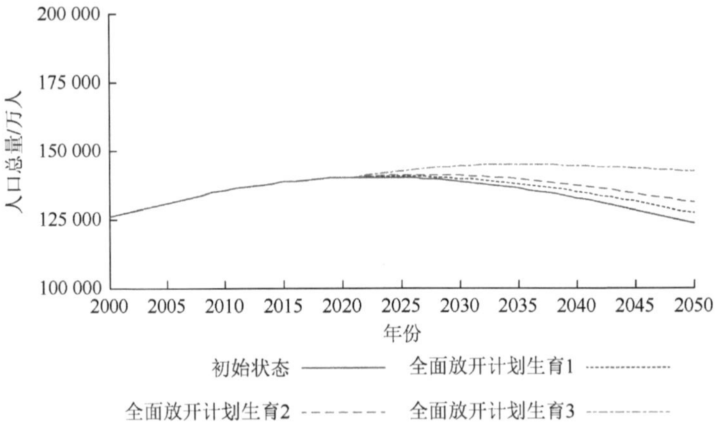

图 7.1　全面放开计划生育政策情景下人口总量仿真

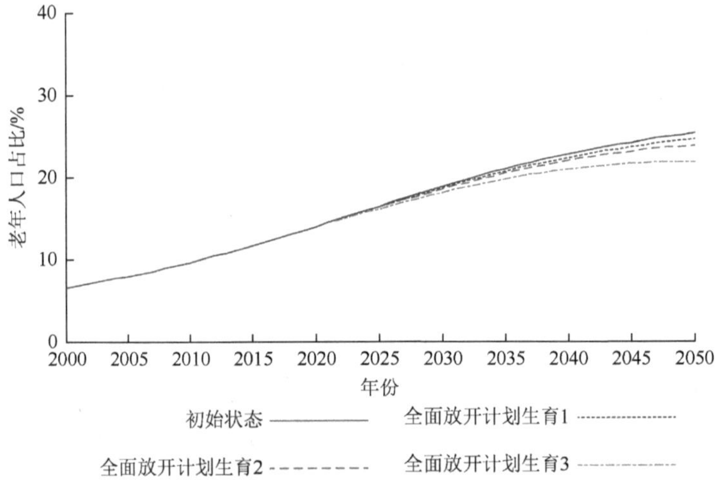

图 7.2　全面放开计划生育政策情景下老年人口占比仿真

由前面分析可知，出生率对家庭规模有重要影响，出生率的降低导致家庭中子女数量较少甚至无出生子女。全面放开计划生育政策后，出生率得到提高，家庭规模的发展趋势如图7.3所示，从图7.3中可以发现，计划生育政策的全面放开减缓了我国家庭规模的缩小程度，初始状态下我国家庭规模由2000年的3.44人/户下降到2050年的2.40人/户，在全面放开计划生育政策分别将育龄妇女的生育意愿提高10%、20%和50%之后，2050年我国家庭规模分别下降为2.46人/户、2.52人/户和2.73人/户，家庭规模的缩小程度得到了有效控制。

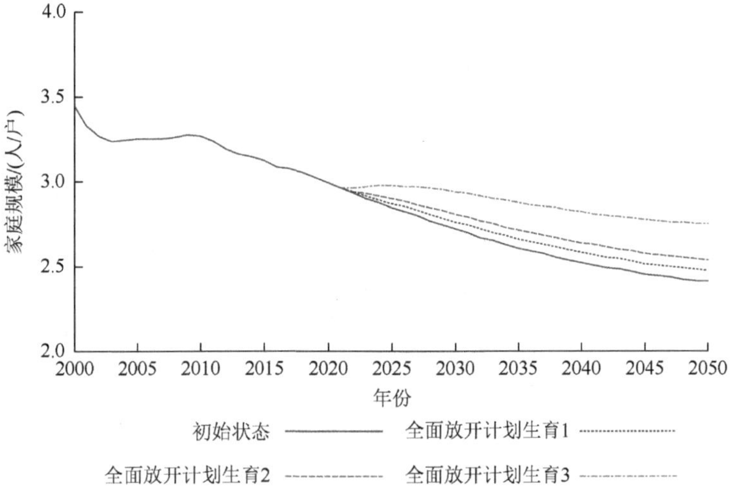

图 7.3　全面放开计划生育政策情景下家庭规模仿真

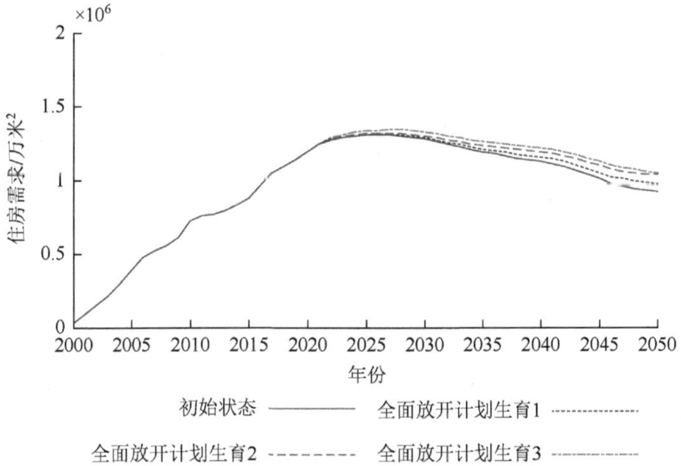

图 7.4　全面放开计划生育政策情景下住房需求仿真

人口结构中的老龄化、家庭结构中的各家庭户类型均会对住房需求产生重要影响，而计划生育政策的全面放开又会对老龄化和家庭结构产生影响，由此产生的住房需求变化如图7.4所示。从图7.4中可以发现，在全面放开计划生育政策之后，我国住房需求下降幅度减小，具体来看，当育龄妇女的生育意愿在计划生育政策全面放开的情况下分别增加10%、20%和50%时，我国住房需求的下降程度分别减缓了4.99%、9.91%和20.05%。住房需求下降幅度的减小主要受到两方面因素的影响：一方面，生育意愿增加导致的出生率提高减缓了老龄化加深的进程，从而减弱了老龄化对购买力水平进而对住房需求的负向影响；另一方面，出生率的增加在一定程度上增加了普通自住型需求（包括刚性需求及改善型需求）。

7.2 家庭政策调整的情景模拟

在本书构建的综合系统模型中，家庭结构对普通自住型需求有重要影响，因此将设定特定情景，以模拟家庭结构发生变化时对我国住房需求的影响。由系统中的变量关系可知，离婚对数对各类家庭代际结构有重要影响，离婚对数的增加会增加1代户、2代户和3代户家庭的数量。若政府出台相关政策，转变目前我国居民的离婚现状，即减少每年的离婚对数，将会对住房需求产生重要影响。

初始状态下我国离婚对数呈持续增加状态，以下设定离婚对数在2021年之后不再增加，同时模型中其他变量的参数不发生改变，对综合系统模型进行情景仿真，仿真结果如图7.5～图7.8所示。

正如图7.5～图7.7中展示的，在离婚对数相对初始状态有所减少后，1代户家庭、2代户家庭和3代户家庭的数量相对初始状态均有所减少，说明离婚对数不再增加之后，各家庭代际结构数量的增长速度也会减缓。

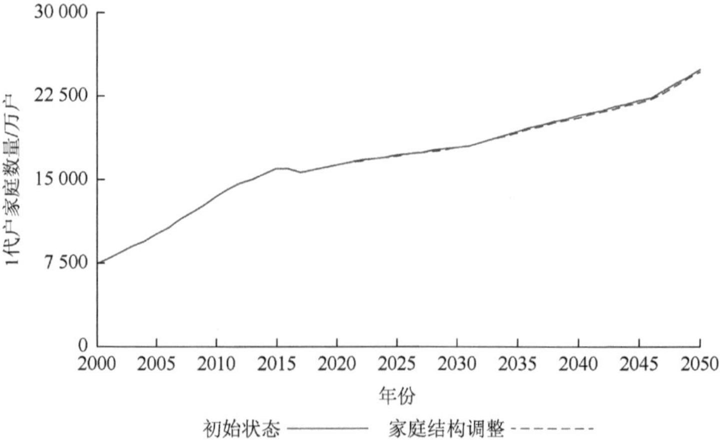

图 7.5　家庭结构调整情景下 1 代户家庭数量仿真

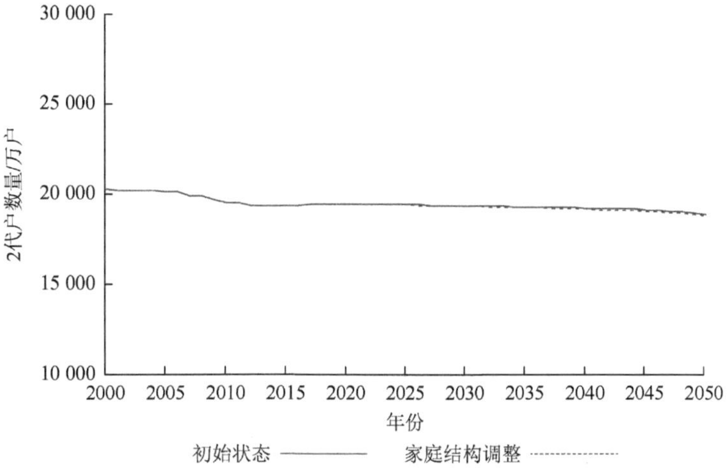

图 7.6　家庭结构调整情景下 2 代户家庭数量仿真

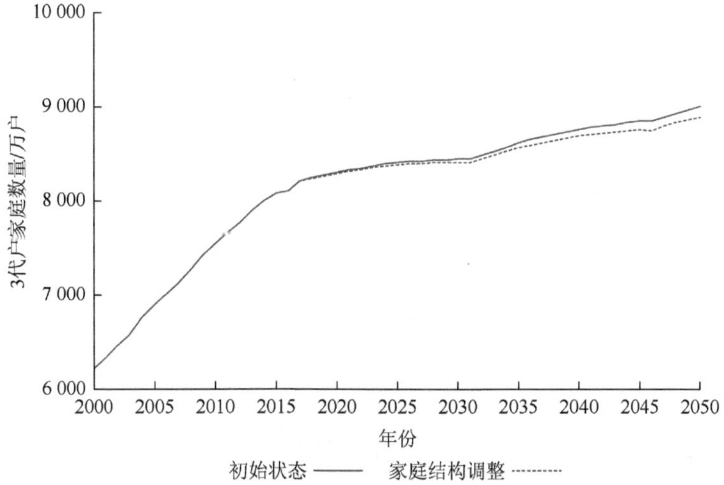

图 7.7　家庭结构调整情景下 3 代户家庭数量仿真

图7.8为在调整家庭结构之后，我国住房需求的情景仿真模拟，从图7.8中可以发现，我国住房需求相对初始状态有所减少，即离婚对数的稳定对我国住房需求具有正向影响，当离婚对数减少时，我国住房需求也会减少。产生这种情况的原因主要是，若夫妻双方离婚，则分开居住会导致家庭数量的增加，而家庭数量的增加势必会增加总的住房需求量（Lauf et al.，2012；Brown et al.，2015）。

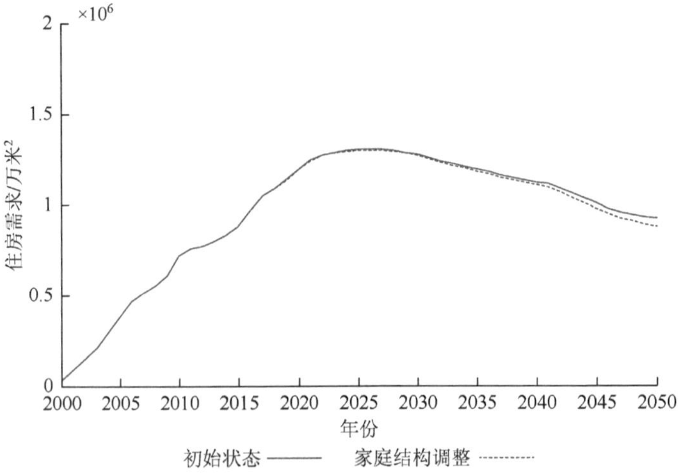

图 7.8 家庭结构调整情景下住房需求仿真

7.3 房地产政策调整的情景模拟

为了模拟不同房地产调控政策对我国住房需求的影响，分别对征收房地产税、取消预售两种情景进行模拟。

7.3.1 征收房地产税

近几年，我国一直在研究与部署房地产税的征收，但由于在确定征收方法及征收地区方面存在难点，尚未在全国范围内实行，但是从目前来看，征收房地产税的政策势在必行，因此本节将模拟征收房地产税之后我国住房需求发生的变化。

将征收房地产税的政策设定为2021年开始征收，且征收比分别为0.5%、1%和1.5%，对这三种情景进行仿真模拟，而其他变量保持不变，得到的情景仿真结果见表7.1。从表7.1中发现，三种情景下我国投资型需求增加值的增加幅度均有所减少，我国住房需求出现降低幅度变大的情况。这是由于房地产税影响的主要是投资型需求，在征收房地产税之后，居民对房地产投资的成本增加，从而抑制了居民的投资型需求，投资型需求增加值的减少又会对总的住房需求产生影响，导致住房需求相对初始状态有所减少。

表 7.1　征收房地产税政策情景仿真

时间	投资型需求增加值				住房需求			
	初始值	情景 1	情景 2	情景 3	初始值	情景 1	情景 2	情景 3
2021	30 041	29 140	28 539	27 037	1.213M	1.213M	1.213M	1.213M
2022	11 974	11 615	11 376	10 777	1.263M	1.262M	1.261M	1.260M
2023	11 957	11 598	11 358	10 760	1.289M	1.288M	1.287M	1.285M
2024	11 936	11 578	11 339	10 741	1.310M	1.309M	1.308M	1.305M
2025	11 916	11 558	11 319	10 723	1.327M	1.325M	1.323M	1.320M
2026	11 897	11 539	11 301	10 705	1.337M	1.335M	1.334M	1.330M
2027	13 244	12 846	12 581	11 917	1.343M	1.340M	1.338M	1.334M
2028	13 222	12 824	12 559	11 896	1.344M	1.341M	1.339M	1.334M
2029	13 198	12 801	12 536	11 875	1.340M	1.337M	1.334M	1.328M
2030	13 174	12 777	12 512	11 852	1.331M	1.327M	1.324M	1.318M
2031	7 722	7 489	7 334	6 946	1.316M	1.311M	1.309M	1.301M
2032	6 736	6 533	6 398	6 059	1.297M	1.293M	1.290M	1.282M
2033	6 718	6 516	6 380	6 043	1.277M	1.273M	1.269M	1.262M
2034	6 697	6 495	6 360	6 023	1.259M	1.254M	1.250M	1.242M
2035	6 674	6 472	6 337	6 002	1.241M	1.236M	1.232M	1.224M
2036	6 648	6 447	6 313	5 978	1.224M	1.219M	1.216M	1.207M
2037	6 619	6 419	6 285	5 951	1.207M	1.202M	1.198M	1.189M
2038	6 587	6 387	6 254	5 921	1.191M	1.186M	1.182M	1.172M
2039	6 551	6 352	6 219	5 888	1.176M	1.170M	1.166M	1.156M
2040	6 521	6 323	6 192	5 863	1.161M	1.155M	1.151M	1.141M
2041	7 790	7 554	7 397	7 004	1.148M	1.141M	1.137M	1.127M
2042	3 509	3 402	3 331	3 154	1.121M	1.115M	1.110M	1.100M
2043	3 484	3 378	3 307	3 131	1.091M	1.084M	1.080M	1.069M
2044	3 456	3 350	3 280	3 105	1.061M	1.054M	1.050M	1.038M
2045	3 425	3 320	3 250	3 076	1.031M	1.024M	1.019M	1.008M
2046	3 372	3 264	3 192	3 013	1.000M	993 476	988 870	977 358
2047	3 259	3 153	3 083	2 907	975 849	968 836	964 162	952 484
2048	3 146	3 043	2 974	2 802	953 661	946 560	941 828	930 005
2049	3 070	2 975	2 911	2 752	934 876	927 692	922 904	910 944
2050	3 030	2 935	2 872	2 714	919 341	912 081	907 243	895 159

注：M 表示数量级百万。

7.3.2　取消预售

我国大陆地区的房地产预售政策最先实行的是效仿香港的房地产政策，住房的预售使开发商能够提前募集资金进行房地产建设，但随着房地产市场的发展，房地产政策也在进行相应调整。目前已有部分地区计划取消房地产开发商的预售权，设定2021年开始取消预售政策的情景，对系统内的其他变量不做改变，对综合系统进行情景仿真得到的结果如图7.9和图7.10所示。

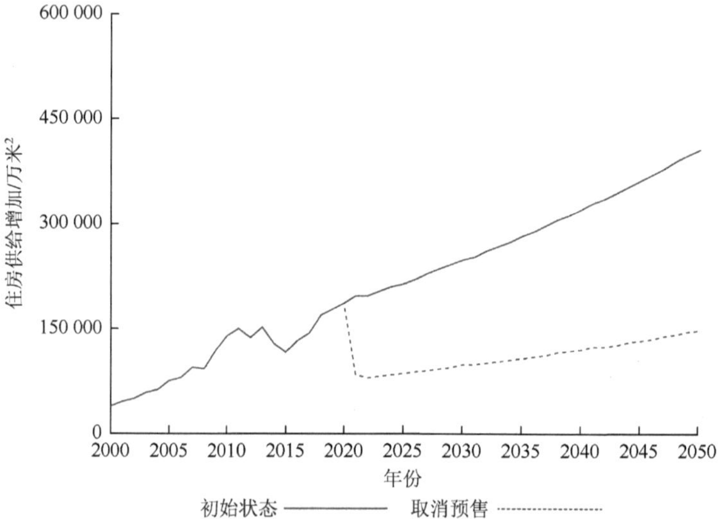

图 7.9　取消预售政策情景下住房供给增加仿真

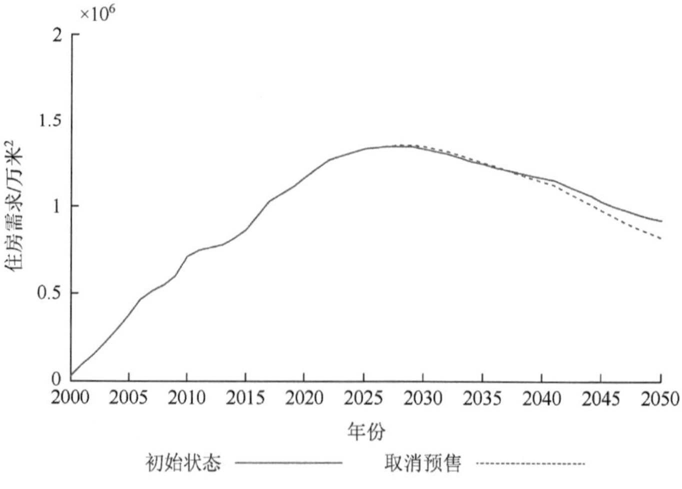

图 7.10　取消预售政策情景下住房需求仿真

取消预售权之后，受资金限制的影响，住房供给的增加将减少（图7.9），从而导致住房供给减少，在住房需求不变的情况下住房供求比降低，从而对住房价格的上升具有推动作用，房价的升高又会降低住房需求（图7.10）。因此，取消预售政策最终将导致住房需求的减少。

7.4 国际经验

作为发达国家，美国和日本都早于我国进入了老龄化社会的行列，尤其是日本，已经经历了深度老龄化社会，正进入超级老龄化社会。同时，我国于1998年开始实行住房市场化制度，美国和日本的房地产市场发展优先于我国，因此研究美国和日本的老龄化程度及房地产市场的发展状况，有助于我国借鉴其经验以制定更为合理的政策建议。

7.4.1 日本经验

自第二次世界大战以来，日本的人口、经济和房地产市场都经历了剧烈的波动。日本经济经历了高速发展（1955～1973年）、低速平稳发展（1974～1991年）及长期低迷（1992～2012年）三个阶段。日本人口由高出生率到低出生率直至如今的超低出生率，催生了越来越严重的老龄化现象，使日本成为当今老龄化程度最严重的国家，日本人口发展现状如图7.11所示。

在战后经济复苏的推动下，日本于20世纪50年代出现了第一次“婴儿潮”，人口出生率在20%左右，1950年，日本14岁及以下人口为3000万人左右，青少年占比达到35.4%，其人口年龄结构相对健康。20世纪60年代，日本在经历了生育率降低后出现了第二次“婴儿潮”，1965年，日本青少年占比为25.6%，劳动年龄人口占比为68.1%，老年人占比为6.3%，此时的日本尚属于成年型的人口年龄结构。之后几年，经济逐渐平稳，城镇化水平的提高使子女抚养成本提高，同时社会保障制度的发展减弱了老年人对子女的依赖，由此导致了人口出生率的降低，并于1997年出现了老年人（65岁及以上）占比高于青少年（14岁及以下）占比的情况，于2005年出现人口的负增长，即出生率不及死亡率而出现的人口减少现象，该年日本的出生人口仅约106万人，总和生育率由20世纪70年代的2.13降低到20世纪80年代的1.75，直至2005年降低为1.26。此时，日本的青少年占比降低到13.8%，劳动年龄人口占比为66.1%，老年人占比为20.1%，日本的人口年龄结构由成年型转变为老年型。

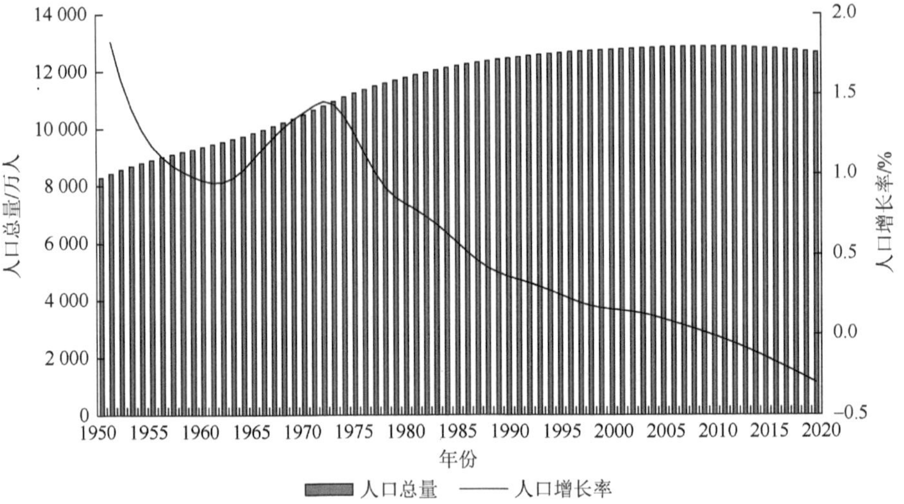

图 7.11　日本人口发展现状

数据来源：联合国经济及社会事务部人口司

伴随着出生率的降低，以及战后经济复苏带来的经济、医疗卫生、社会保障等制度的发展，日本的人口寿命得以延长，从而加速了日本进入老龄化社会，而且老龄化程度越来越深，如图7.12所示。按照国际规定，某一国家或地区的老年人（65岁及以上）占比达到7%即老龄化社会，达到14%即深度老龄化社会，达到20%即超级老龄化社会。按照该规定，日本已于1970年进入老龄化社会，并于1994年进入深度老龄化社会，更在2005年进入超级老龄化社会，且在2005年其老年人占比

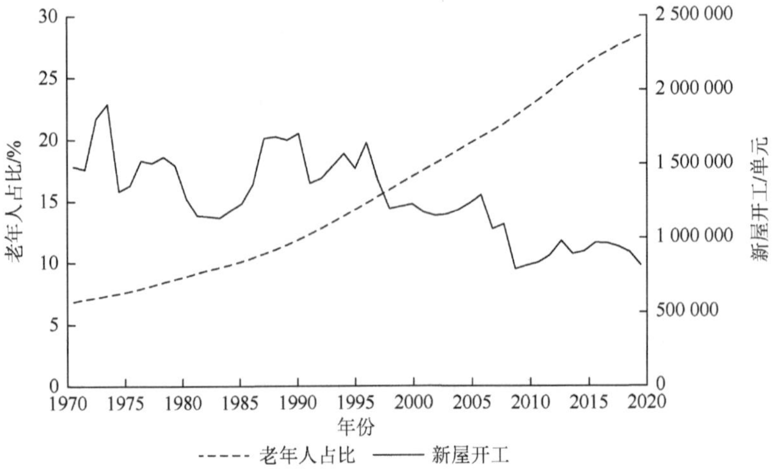

图 7.12　日本老龄化及住房需求发展现状

数据来源：联合国经济及社会事务部人口司、OECD 统计数据库

已经增长至20.5%。日本的老年人口（65岁及以上）占比由1970年的7%，仅用了24年的时间，便增加到了1994年的14%，其老龄化增长速度远远高于其他国家和地区。出生率的持续低迷导致日本在2010年达到了人口峰值之后，总人口数量便开始持续下降。2020年，日本的总人口数约1.26亿人，青少年（14岁及以下）占比为12.45%，劳动年龄人口（15～64岁）占比为59.15%，老年人（65岁及以上）占比为28.40%，老年抚养比为48.00%，少年抚养比为21.04%。未来日本的少子老龄化状态并未呈现出乐观状态，预计其老龄化程度将越来越严重。

自第二次世界大战后日本经济得以复苏（1956年），日本的房地产市场经历了较大的波动。以房屋新开工面积来衡量日本的住房需求，第二次世界大战后日本的“婴儿潮”增加了日本20世纪60年代和20世纪70年代劳动年龄人口的刚性需求。20世纪80年代主要是改善型需求，战后经济的复苏提高了居民的生活水平，居民人均可支配收入的增加促进了居民对住房的改善型需求。到20世纪90年代初，日本居民的住房问题基本得到解决，但由于城镇化的高速发展，大量农村人口迁移到城镇，从而增加了城市住房需求，进而使日本住房需求增加。但随着日本城镇化在20世纪90年代中期后的逐渐稳定，人口迁移引起的住房需求增加速度减缓，同时该时期日本也进入了老龄化社会，劳动年龄人口的降低使居民的刚性需求增加速度减缓，导致日本新增住房需求在1998年之后出现下降，同时受日本房地产泡沫的影响，日本的住房需求呈现整体下降状态，并呈逐年降低的趋势。到21世纪之后，受日本老龄化程度越来越深的影响，日本推出了老龄化住房以适应新型的住房需求，2020年日本的房屋新开工面积为815340单元。在日本的房地产市场发展过程中，人口因素起到了不可忽略的作用，人口出生率的变化、人口老龄化程度的加深使日本的房地产市场不断发生变化。

7.4.2　美国经验

20世纪初，由于较高的人口出生率及移民的大量迁入，美国具有较快的人口增长速度，1914年美国人口总量约为1亿人。但两次世界大战阻隔了移民的迁入，经济危机时期降低了人口出生率，二者共同导致了美国人口增长速度的减缓。受战后经济复苏的影响，美国的“婴儿潮”发生于1946～1964年，这段时期美国的出生人口达到7500万人左右。自1950年以来，美国人口保持不断增长，但人口增长率总体呈平稳下降趋势。20世纪50年代的人口增长率为18.5‰，到20世纪80年代降低到9.8‰，虽然20世纪90年代有所提升（受人口迁移及人口预期寿命增长的影响），但在21世纪初，人口增长率又重新降低到9.7‰。从20世纪50年代到21世纪初，美国的人口出生率大幅下降，由24‰降低到14‰。同时，在这60年间，人口死亡率也随之降低，由1950年的9.5‰降低到2010年的8.3‰，这主要得益于人口预期寿命的增长，美国人口的预期寿命由1950年的68.6岁增长到2010年的78岁，60年内增加了近10岁的寿命。美国人口发展现状如图7.13所示。

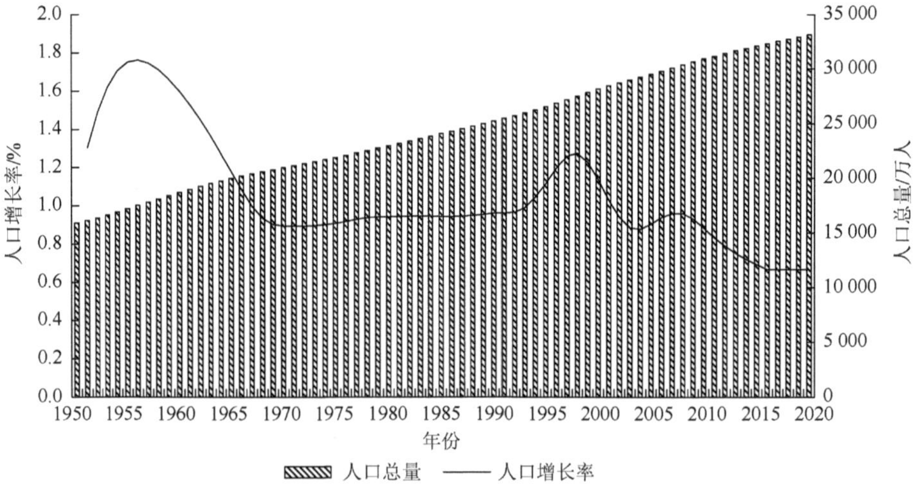

图 7.13　美国人口发展现状

数据来源：联合国经济及社会事务部人口司

美国是发达国家中唯一一个人口持续增长的国家，而美国人口增加的主要来源是移民及移民的出生率。20世纪60年代以来，美国的移民数量逐年增加，直到21世纪初仍无减退迹象，且在2000～2005年，美国经历了巨大的“移民潮”，5年内共有790万居民移民至美国。2020年末，美国的总人口为3.31亿人，移民人口占比为12.4%，美国移民数量占比最多时是1860～1920年，当时移民人口占美国总人口的14%。“少数民族”（即黑人、拉美裔、亚洲和美洲土著居民）人口占美国总人口的比重约为三分之一。虽然近几年美国白人的出生率和死亡率都有所降低，但美国人口仍在持续增长，主要受到移民及移民的高出生率的影响。据统计，美国移民数量占据全球移民数量的五分之一。

与其他国家和地区（尤其是发达国家）正在经历的严重老龄化社会不同，美国虽已进入老龄化社会（20世纪40年代），但并未出现类似日本的严重老龄化现象，这主要得益于移民中多为年轻人口，以及移民的高出生率，进而人口年龄结构得到了调整。据统计，近二十年来美国移民的平均年龄约为30岁，且65岁及以上人口占比仅为3.96%。伴随着过去美国出生率的下降，以及人口寿命的增长，加上“婴儿潮”时期的人口逐渐步入老龄化阶段，美国的老龄化程度逐渐加重也成为必然现象。1950年美国人口中的老年人占比为8.21%，2020年老年人占比达到16.63%。

美国房地产市场的变化受人口年龄结构的影响呈现出了一定的发展趋势，图7.14显示了20世纪70年代以来美国住房需求及老龄化的变化情况。1946～1964年的“婴儿潮”时期，美国出生率较高，催生了大量的出生人口，“婴儿潮”时期出生的人口对美国的住房需求产生了重要的影响。20世纪50年代以来，美国的房地产市场经历了四个阶段。阶段一（1950～1969年）：该阶段的住房需求主要来源于战后返乡人口的住房需求，以及随着1965年移民入境政策的宽松而涌入的大批移民的住房需求，二者共同推动了美国住房需求的增长。阶段二（1970～1985年）：随着“婴儿潮”一代人口的成年，产生了脱离父母独自租住或购买小户型的住房需求，而外来移民由于受教育程度较低及缺乏劳动技能只能选择租房，因此这一时期的住房需求主要为租房需求，该阶段美国的房地产市场波动较平缓。阶段三（1986～1999年）：该阶段的住房需求主要是“婴儿潮”一代人口及移民的改善型需求，同时，1990～1992年，美国联邦储备委员会多次降息，贷款利率由8%降低到3%，降息的举措极大地刺激了居民的购房需求。另外，家庭观念的转变催生了大量单亲家庭、单身家庭等，家庭数量的增加也使居民的住房需求进一步增加。阶段四（2000年～现在）：21世纪之后，“婴儿潮”一代人口开始步入退休年龄，此时这一代人口对高端住房的需求增加，同时财富积累效应增加了其投资型需求。另外，进入21世纪之后，美国移民的受教育水平及经济水平相对20世纪有较大提升，因此移民的增加及移民的投资倾向也推动着这一阶段美国住房需求的增加。以上原因共同导致了21世纪以后美国住房需求的急剧增加，但是随着次贷危机的爆发，

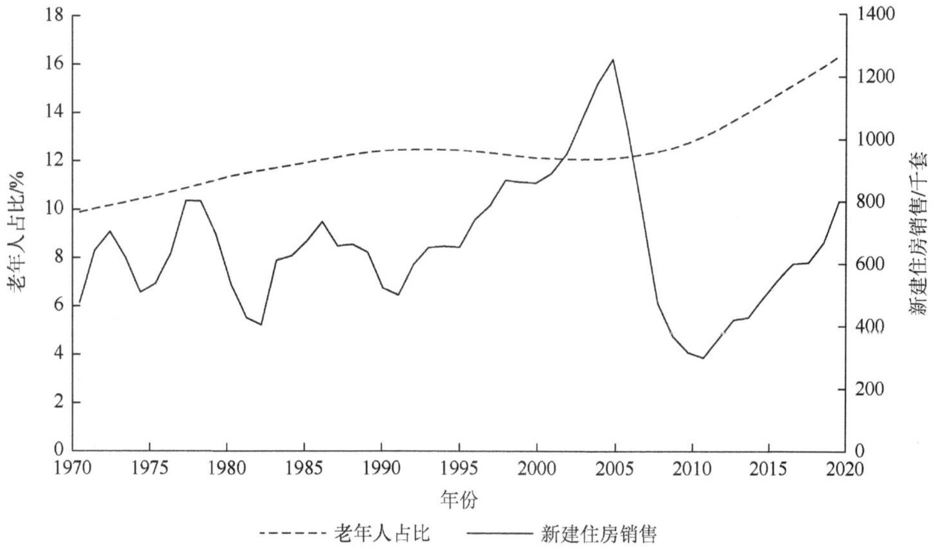

图7.14　美国住房需求及老龄化发展现状

数据来源：联合国经济及社会事务部人口司、OECD统计数据库

美国的住房需求出现了急剧下降。2006～2011年，美国新建住房销售急剧下滑，由2005年的1283千套下降到2011年的306千套，6年内下降了76.15%，年均下降9.90%。直到2012年，美国新建住房销售才有所回升，2020年新建住房销售增加至815千套。

通过对比日本和美国的人口结构及住房需求的发展历程，可以发现，人口结构尤其是人口年龄结构对住房需求的影响不容忽视。日本和美国无论是人口老龄化程度还是房地产市场的发展，在时间上都领先于我国，因此研究这两个国家的住房需求对我国房地产市场的发展具有较好的借鉴意义。日本老龄化进程的逐步加重带来的劳动年龄人口减少，导致日本的住房需求下降，由此，我国应及时采取相应的人口政策来减缓目前的老龄化进程，引导住房需求的平稳发展。美国独有的特点决定了其与我国住房市场的不同，即大量的人口迁移，人口迁移既减缓了美国的老龄化进程，又增加了美国的住房需求，因此老龄化对美国住房需求的负向影响并未得到体现，但次贷危机爆发导致的住房需求急剧减少对我国房地产市场的发展仍具有警醒作用。

第8章 政策建议

在我国老龄化进程逐步推进，家庭规模小型化越来越显著的发展趋势下，我国住房需求也将发生明显转变，而住房需求的稳定是房地产市场健康发展的重要前提。基于第6章构建的老龄化和家庭结构对我国住房需求影响的系统动力学模型，以及第7章的情景仿真模拟，发现人口政策、家庭政策及房地产政策的适时、适度调整对维持房地产市场的健康、稳定发展具有重要意义，以下将基于人口老龄化、家庭小型化及房地产政策为我国房地产市场的健康、平稳发展提供政策建议。

8.1 改善人口结构，引导我国住房需求健康发展

我国人口结构正在逐渐发生改变，生育率的不断降低带来了人口的负增长及老龄化程度的逐步加深，从而使住房需求也发生改变，关注人口结构的发展趋势对我国住房需求的健康发展具有重要作用，因此以下将从人口角度提出相关政策建议。

8.1.1 放松计划生育政策，维持住房需求的稳定发展

人口数量与人口结构和房地产市场紧密相关，当前旺盛的住房需求主要得益于我国的人口红利。20世纪中期，我国具有较高的生育率，因此劳动年龄人口占比较高，劳动生产率得到有效提升，促进了经济的快速发展，而随着我国住房市场化的改革，劳动年龄人口的增加推动了婚龄购房人口的增加，从而促进了我国住房需求的快速增加，我国房地产市场呈现出繁荣发展的状态。但随着计划生育政策的推行，育龄妇女生育率得到有效控制，我国人口数量及结构面临着重大转变，人口结构由高生育率、高死亡率、高增长率的“三高”模式转变为低生育率、低死亡率、低增长率的“三低”模式，这预示着我国的人口红利即将消失。伴随着生育率的降低，以及医疗技术的改善，我国在2000年进入老龄化社会，我国的人口问题从人口数量问题转变为人口结构和人口老龄化问题，这将对我国住房需求产生重大冲击，因此急需采取适当的人口政策以改善我国的人口结构，维持我国住房需求的稳定发展。

虽然2016年我国放开了全面二孩政策，但是该政策的实施并未达到预期效果，仅仅提高了中年人的二孩生育意愿，且仅推动了2016年和2017年生育率的提高。最新数据显示，2018年我国的生育率相对2017年已经出现下降，甚至降低到全面二孩政策实施之前，这意味着全面二孩政策的效应已经消退。同时，由本书对我国人口的预测结果可知，我国即将面临着人口下降的趋势。因此急需发布新的更加宽松的计划生育政策，以应对劳动年龄人口下降、老年人口占比增加对住房需求产生的挑战。目前，我国生育率较低的原因主要包括教育经费较高、无充足的时间和精力照顾子女及房价的持续增加。针对这些原因，提出以下人口政策建议。

第一，立即全面放开计划生育政策。我国正处于第三次“婴儿潮”中、后期出生人口的生育期，此时放开计划生育政策尚可较大幅度增加出生人口，若错过该时期，出生人口的增加效果将明显减弱。全面放开的原因在于即使部分青年人仍无生育意愿，但中年人的二孩和三孩生育意愿将提升，仍能有效增加出生人口。

第二，构建生育支持体系，鼓励居民生育。首先，改善我国的托幼服务体系，增加婴幼儿托幼服务机构，将托幼服务机构的服务时间设为全日制，减轻因无人照料子女而降低的生育意愿；其次，在完善夫妻双方产假的基础上，增加男性的育儿假及延长生育假，以更好地照顾婴幼儿；再次，进一步完善女性就业权益保障，确保女性员工的经济收入，通过实行一定程度的税收优惠以降低企业承担的生育成本，解决女性应聘工作时因生育问题而引起的困扰；最后，加大学前教育投入，延长义务教育年限，推进教育改革。

8.1.2 正视老龄化发展趋势，发展养老型住房

我国已经进入人口老龄化社会，且老龄化将继续加深成为已定事实，由本书对人口老龄化的预测结果可知，人口老龄化的程度在未来将逐步加深。对于老龄化问题，一方面，老龄化的加深在增加养老负担的基础上会减弱我国的住房需求；另一方面，应正视老龄化的发展趋势，将老年人作为一种特殊的住房需求群体，发展养老型住房。由于年轻时期的财富积累，老年人比青年人具有更高的购房能力，老年人会选择给予后代购房支持或者购买老年住房。购买宜居型住房对于当下的老年人已然成为常态，而除此之外，仍可开发更多类型的住房供老年人居住以提高其晚年的生活满意度。例如，开发养老型住房，即添加和改善与老年人生活息息相关的设施及环境。养老型住房的开发将成为新的可收益的住房开发方向，但由于我国目前尚无完善的养老型住房的相关法律法规，其开发也会面临众多问题，以下将针对养老型住房开发面临的挑战提供相应政策建议。

第一，规范土地政策。制定相应的土地政策以引导和规范养老型住房的开发，

应从住房开发项目的地理位置选择、土地价格制定、设计方案合理性等全方面综合考虑。

第二，金融财政政策支持。发达国家在养老地产方面已经具备完整、有效的体系，通过企业间合作及政府和企业合作的方式，有效解决了项目资金问题，而我国的房地产商尚不具备庞大的流动资金支持，主要依靠银行贷款来进行项目各方面的运营，而贷款利率的浮动不定、审批程序的繁琐等对房地产商来说是巨大的挑战，这些挑战导致我国经常发生资金链断裂的情况，因此我国可以参考发达国家的经验，通过政府与企业合作的方式缓解房地产商的资金压力，建立养老型住房项目的专用资金项目。另外，政府可以在项目类型或者功能等方面为养老型住房减免税收。

第三，出台行业标准。对于养老型住房项目的建设方案，房地产商切不可依据主管分析，而应充分调查了解老年人真实的住房需求类型、相关配套设施及环境标准等。因此，建议政府将养老型住房项目加入日常组织规划项目中，从宏观角度进行评估，明确我国养老型住房的发展方向。同时，应加快出台养老型住房项目的行业标准，减少因无标准而导致的项目风险问题。

8.2 从家庭结构角度，优化我国住房供需结构

计划生育政策的实行，不仅对生育率产生影响，同时也会影响人口结构和家庭结构。我国家庭结构已经发生了重大转变，20世纪中期，我国三代同堂、四代同堂的家庭结构随处可见；到了20世纪后期，随着计划生育政策的实施，生育率降低，使家庭人数减少；从21世纪开始，人们的生育意愿及居住行为都发生了改变，三代同堂和四代同堂的家庭结构开始变少，更多家庭选择两代人共同居住，甚至有不婚族和丁克族的出现，导致1代户家庭越来越普遍。在本书对家庭结构的预测结果中，我国家庭规模将逐步缩小，家庭结构也呈现1代户家庭持续增加的趋势。随着家庭结构的变迁，人们对住房需求的选择也发生了转变，不同代际结构的家庭会选择不同类型的住房，家庭规模的逐渐减少使小户型住房需求得到提升。即使推行了全面二孩政策，生育率仍未得到有效提升，家庭规模的小型化趋势仍未发生改变。

鉴于我国家庭结构的发展趋势，房地产商应有针对性地规划、设计更符合现在家庭需求的住房类型，从而提高消费者的住房需求。首先，针对目前流入人口较多的地区，这些地区普遍存在较多的单身青年，其工作性质或生活习惯决定他们具有相对较小空间的住房需求，因此小型住房或单身公寓也变得必不可少，房地产开发商可适当开发此种类型的住房。其次，为了满足1代户和2代户家庭结构

的住房需求，同时不会产生住房浪费，房地产开发商在建设过程中应增加小户型住房的数量，尤其是房价颇高的地区，居民的支付水平有限，对大户型住房的购买力水平较低。最后，虽然家庭规模趋于小型化，但仍存在家庭规模较大的家庭，因此大户型的住房需求仍然存在。

8.3 完善房地产相关政策，确保住房市场平稳运行

8.3.1 征收房地产税，抑制投机型住房需求

投机型住房需求极大程度地刺激了房价的上涨，而房价的上涨导致部分居民的正常居住型需求得不到满足，从而影响了这部分人的正常生活需求，同时过高的房价也极易导致房地产泡沫的产生，因此抑制投机型住房需求的政策势在必行。为了遏制投机型住房需求，政府采取了限购等政策，该政策取得了一定的效果，但仍有不少人存在投机型住房需求。在本书针对征收房地产税的情景模拟中，发现房地产税的征收对于抑制投机型住房需求是一个有效的措施。因此对于抑制投机型住房需求，提供以下政策建议。

首先，应当进一步完善现有的限购政策，实行更为严谨的审核程序，遏制投机型住房需求，使房地产市场回归理性。其次，针对投机型住房需求，政府可征收房屋空置税，对于长期无人居住的房屋，政府应收取相关费用，从而增加投机型住房的成本以抑制投机型住房需求。再次，为了引导居民合理的住房需求，对于部分无法满足其正常居住型需求的居民，应提供相关住房保障政策，如经济适用房、共有产权房等，同时发展住房租赁产业，使低收入家庭也有房可住。最后，加快推进房地产税的征收进度。为了合理调节收入分配、引导居民合理的住房消费、遏制房价过快增长，2011年我国开始试点实行房地产税征收政策，并将上海和重庆作为试点，至今已有十年时间，但全面推广的时间仍未确定，主要是由于房地产税的征收范围及征收方式尚未确定。房地产税的征收对象应以高端住房为主，作为引领住房市场的风向标，高端住房理应作为首要征收对象，以平衡收入分配不均的情况；另外，对老年人口来说，由于无稳定的收入，房地产税的征收会显著降低其可支配收入和生活水平，可根据各地区的具体情况，降低老年人的房地产税，以减轻其生活负担，保障其基本生活。

8.3.2 调整利率，维护住房市场供需平衡

由当前我国房地产市场的发展状况和发展趋势判断，在未来一段时期内，我

国的住房价格仍将持续上涨，而住房价格的上涨必然会催生大量的投机型住房需求，这将会加大住房需求的供求矛盾。依据经济学理论可知，通过调控利率可减少商业周期中的波动幅度，同时避免过热现象的恶化，而波动幅度的减少能够有效减少社会效率的损失，对经济的长期稳定发展具有有利影响。由于大多数居民的购房需要通过银行贷款解决，利率对居民购房行为具有重要影响，合理调控利率对维护住房市场的供需平衡具有重要作用。

当房价上涨趋势明显且涨幅较大时，需要实行紧缩的货币政策，即增加非首套房的贷款利率、提高多套房的首付比例、提高贷款门槛，以抑制投机型住房需求，合理调控需求的增长。当住房市场需求低迷时，应当实行宽松的货币政策，通过降低购房贷款利率、降低首付比例、延长贷款期限等措施，刺激居民的购房需求，既要保证居民的居住型需求得到满足，又要确保房地产市场的供需平衡。

8.3.3 完善住房供应体系

房地产市场的平稳发展，既要依靠理性且平稳的住房需求，同时也需要适应当前社会环境下的住房供应。对于住房的供应，不仅要考虑到对投机型住房需求的抑制，同时普通居民的居住型需求也是不可忽视的。一方面，住房供给在建设过程中既要保证供给的数量，又要保证住房供给的质量，如此才能切实满足居民的居住型需求。另一方面，也应推进住房租赁市场的发展，因为收入水平较低的居民仍然存在且不可忽视，要确保这部分人能够“居者有屋”。

8.3.4 加强房地产行业的市场监管

市场监管对任何市场来说都是十分重要的，尤其是房地产市场，因此，应从以下几个方面完善房地产行业的市场监管。首先，对于住房市场预售制度的推行，我国最初参考的是香港房地产市场，但预售制度的存在很可能导致住房需求时间滞后、市场价格的偏误、开发商的生产质量得不到保证等问题，因此建议取消住房市场的预售制度，开发商的资金问题只能通过其他方式解决；其次，建立房地产公开系统，以提供开发商及住房建设项目的相关信息，引导消费者对住房价格的合理预期，避免产生住房价格的大幅波动；最后，政府应进一步加强市场层面的监管，在住房建设初期、建设过程中、建设完成后、销售过程中制定详细的监管细则，并进行分析，以给购房者提供准确的购房相关信息，避免虚假信息传播而导致的市场大幅波动。

第 9 章　结论与展望

9.1　主要结论

1949年中华人民共和国成立后，由于经济社会及医疗水平的快速发展，我国的人口增长模式从“高出生、高死亡”的低增长模式逐步向“低出生、低死亡”的低增长的现代型人口模式转变，未来我国人口将面临平稳或下降趋势，与此相比，我国的老年人口比例将呈现持续上升状态。国家统计局的统计数据显示，2001年我国65岁及以上老年人口占总人口的比重已经达到7.1%，按照联合国对老龄化的定义，我国于2001年已经进入老龄化社会。在出生率降低、思想观念转变的背景下，我国的家庭规模也呈现逐步缩小的变化趋势。老龄化与家庭规模小型化成为当前我国人口面临的重要挑战，二者对社会经济也产生着重要影响，尤其是对房地产市场的影响，因此老龄化与家庭规模对住房需求的影响不可忽视，且对房地产市场的健康、平稳发展意义重大。围绕这一主题，本书进行了以下研究。

（1）首先，本书介绍了老龄化与家庭结构影响住房需求涉及的理论基础（住房需求理论、人口相关理论和系统动力学理论等）；其次，基于房地产市场的复杂性，以及住房需求影响因素的相互关联性及反馈性，分析了系统动力学在研究住房需求问题中的适用性及优势性；最后，构建了理论模型，即老龄化和家庭结构对住房需求影响的理论机理框架，该框架包括人口子系统、家庭子系统、住房需求子系统及作为外生变量考虑的社会经济子系统和财政信贷政策，理清了各子系统之间的关系，为之后系统模型的构建提供了理论机理分析。

（2）对我国老龄化进程中的人口规模与结构的演变特征进行了分析，发现我国人口正朝着低出生率、低死亡率的方向发展，而老龄化也在逐步加深。以此为基础，并结合宋健人口发展方程，构建了我国人口子系统的系统动力学模型，并在通过模型检验后对其进行仿真预测，仿真结果显示：在人口规模方面，未来我国人口规模呈现先增加后减少的趋势；在人口年龄结构方面，老年人口持续增加，且增加速度先快后慢，预计2050年将出现下降趋势，且此时老年抚养比将达到41.12%。由此可见，人口老龄化仍是我国人口面临的重要挑战。

（3）通过分析我国家庭结构的演变特征，发现我国家庭规模自中华人民共和国成立以来呈现先缓慢增加后逐渐缩减的发展趋势，这与西方经济学家的家庭收敛理论基本吻合，而家庭代际结构近年来也形成了2代户家庭占据主导地位，以1代户和3代户家庭为补充的代际格局。将我国家庭结构演变的主要驱动因素划分为人口因素、经济因素、社会因素和家庭生命周期四个因素，详细分析了各驱动因素的具体作用。在对驱动因素进行分析的基础上，采用系统动力学方法构建了我国的家庭子系统模型，分别采用文献调研、回归分析、相关分析及系统动力学特有的表函数功能对各变量进行赋值及方程设定。模型仿真结果显示，从目前我国的计划生育政策及居民思想观念来看，我国未来家庭规模将呈现逐步缩小的趋势。在家庭代际结构方面，未来我国家庭户结构仍将呈现以2代户家庭为主，1代户家庭和3代户家庭为辅的状态，但在2038年左右，2代户家庭的主导地位有被1代户家庭替代的可能性。

（4）在界定了本书中住房需求的含义之后，分析了我国住房需求的发展现状，我国住宅商品房销售面积持续增长，在住宅商品房销售面积和平均销售价格的增速方面，受金融危机及房地产政策等因素的影响，二者均呈持续波动的状态。然后归纳了影响住房需求的主要因素，即经济因素、人口因素、政策因素和其他因素，又对各因素进行了详细划分。在此基础上，构建了我国住房需求子系统的系统动力学模型，并通过文献调研、回归分析、表函数等方法对主要变量参数进行设定。通过检验模型的有效性，对模型进行仿真，发现我国住房需求不会无限增长，将呈现先增加后减少的状态，且增长速度先快后慢，其转折点大约发生在2031年；住房供给持续增长，且在2048年左右出现供给大于需求的趋势。从人均居住面积来看，我国人均居住面积逐步增长，2050年将达到53.82米^2/人的水平。

（5）以上仅是针对各子系统内部的分析，而老龄化、家庭结构对住房需求的影响，则需要通过综合各子系统进行综合的分析，因此，本书分析了三个子系统之间的作用机理，在此基础上综合三个子系统，构建了我国人口老龄化与家庭结构对住房需求影响的系统动力学综合模型，并对其进行模型检验及模型仿真，仿真结果主要包括：①我国人口总量呈现先增加后减少的趋势，其拐点发生于2023年左右，峰值为14.01亿人；②我国家庭规模逐步缩小，到2050年家庭户均人口数量将达到2.40人/户；③我国住房需求总量先增加，且于2028年达到峰值，受人口减少等因素的影响，之后住房需求总量逐步减少。

（6）基于以上构建的我国人口老龄化和家庭结构对住房需求影响的系统动力学模型，本书设定了情景仿真模拟，以考察人口、家庭及房地产政策对住房需求的影响。首先，设定在全面放开计划生育政策后，青年人的生育意愿分别提高10%、20%和50%三种情景，发现当生育意愿提高10%和20%时，我国总人口仍将出现下降的情况，但下降拐点延迟，下降速度减缓。而当生育意愿提高50%时，我国人口总量的下降趋势十分平缓，与此同时，老年人占比的增长幅度和家庭规模的减小程度都将变小，从而有效减少了住房需求总量的下降幅度。

其次，设定通过相关政策缓解我国离婚率持续增加的情景，发现离婚率不再提高时家庭结构发生了变化，1代户、2代户和3代户家庭数量增加的速度将会减缓，家庭户数量的减少使住房需求相对初始状态有所减少。

再次，分别设定了征收房地产税、取消预售两种情景，发现二者均会降低住房需求，当对二套房征收房地产税时，可以降低投资型需求的数量，从而降低住房需求总量；当取消开发商的预售权时，资金来源不足将导致住房供给减少，最终也会使住房需求下降。

最后，通过分析日本和美国的人口及房地产市场的发展现状，以期对我国房地产市场提供政策建议。

（7）通过以上研究内容，提出了以下政策建议以优化我国未来人口结构，促进房地产市场健康、平稳发展：放松计划生育政策，发展养老型住房；基于家庭结构类型优化我国住房结构；完善房地产相关政策，如征收房地产税、合理调控利率；完善住房供应体系，加强房地产市场监管。

9.2 研究展望

本书通过复杂系统理论研究了人口老龄化和家庭结构对我国住房需求的影响，综合考虑了老龄化、家庭结构及房地产市场之间的关联及相互关系，虽然在研究过程中尽量做到考虑周全，但书中仍存在部分问题，有望在日后的研究中得以完善。

首先，本书以全国范围为考察对象，研究了我国整体的老龄化、家庭结构和住房需求的发展趋势及三者之间的相互关联，而未考虑地区之间的差异性。但是我国作为一个地大物博的国家，由于地理位置、经济发展水平等因素的影响，各地区之间在人口及住房市场方面均存在着差异性，搜集更多数据，以不同形式对我国各地区之间进行区域划分，以研究不同地区之间的老龄化对我国住房需求影响的区域差异性，这可作为未来的研究方向之一。

其次，由于本书研究的是全国房地产市场，因此在模型中考虑的是居民整体的住房需求，而未考虑我国各省区市地区由社会经济发展现状、人口和房地产政策等方面存在差异而产生的住房需求的差异性。在具有人口迁移的情况下存在异地购房和租房的问题，即对省份或城市层面进行研究时，异地购房和租房是需要重点考虑的问题。因此在未来的研究工作中，可以考虑选取典型城市或省份作为研究对象，以研究在不同经济社会条件下，同时存在异地购房及租房等消费行为基础时，人口和住房需求的发展趋势及其地区差异性，从而为不同城市提供差异化的人口及房地产政策建议。

再次，本书研究的是我国人口及住房需求的发展状况，而未通过模型模拟进行国际研究，在日后的研究中，可考虑研究发达国家（如日本、美国）基于复杂系统理论的老龄化对住房需求的影响，以从模型模拟角度将我国与发达国家进行对比。

最后，在研究方法方面，可考虑将系统动力学与其他方法相结合进行研究，如 agent、空间计量、博弈论等方法，以对方法的理论创新做出贡献。

参考文献

蔡昉. 2012. 未富先老与中国经济增长的可持续性. 国际经济评论, 20(1): 7, 84-97.

蔡明超, 黄徐星, 赵戴怡. 2011. 房地产市场反周期宏观调控政策绩效的微观分析. 经济研究, 46(s1): 80-89.

陈斌开, 徐帆, 谭力. 2012. 人口结构转变与中国住房需求: 1999～2025——基于人口普查数据的微观实证研究. 金融研究, 55(1): 129-140.

陈春流, 卢万青. 2017. 基于 CHFS 数据的家庭人口结构与住房需求的实证研究. 海南金融, 30(7): 4-12.

陈国进, 李威, 周洁. 2013. 人口结构与房价关系研究——基于代际交叠模型和我国省际面板的分析. 经济学家, 25(10): 42-49.

陈皆明, 陈奇. 2016. 代际社会经济地位与同住安排——中国老年人居住方式分析. 社会学研究, 31(1): 73-97, 243-244.

陈力朋, 崔怡, 贺敏. 2018. 房地产税改革对居民房价预期的影响——基于情景模拟的实证研究. 经济问题探索, 433(8): 55-63.

陈卫, 史梅. 2002. 中国妇女生育率影响因素再研究——伊斯特林模型的实证分析. 中国人口科学, 16(2): 49-53.

陈彦斌, 陈小亮. 2013. 人口老龄化对中国城镇住房需求的影响. 经济理论与经济管理, 33(5): 45-58.

陈永聪. 2006. 房地产宏观调控的系统动力学研究. 特区经济, 211(8): 343-344.

程国平, 汪波, 岳毅宏. 2003. 房地产投资系统动力学模型的建立及其长期演化行为研究. 系统工程理论与实践, 23(10): 65-68.

崔啸, 周克成, 曹冬冰, 等. 2011. 北京市商品住宅系统动力学模型构建及其在预警中的应用. 系统工程理论与实践, 31(4): 672-678.

丁关良, 周菊香. 2000. 对完善农村集体土地所有权制度的法律思考. 中国农村经济, 16(11): 60-66.

方大春, 裴梦迪. 2018. 居民二孩生育意愿的影响因素研究——基于 CGSS2015 数据的经验研究. 调研世界, 31(9): 9-13.

方琳, 徐升艳, 苏巨国, 等. 2018. 基于典型大中型城市住房需求弹性的非对称性分析. 现代城市研究, 33(6): 23-30.

方勇华. 2017. 基于家庭户数变动的房地产需求及调控对策. 辽宁工业大学学报(社会科学版), 19(4): 30-33.

傅崇辉. 2016. 家庭转变的动态过程及其环境负载研究. 人口研究, 40(2): 23-37.

甘霖, 冯长春, 王乾. 2016. 北京市房价与地价的动态关系——基于结构方程模型的实证分析. 地理研究, 35(10): 35-49.

高波, 王斌. 2008. 中国大中城市房地产需求弹性地区差异的实证分析. 当代经济科学, 30(1): 1-7.

高波. 2010. 房价波动、住房保障与消费扩张. 理论月刊, 32(7): 2, 6-10, 190.

龚为纲. 2012. 分家模式与家庭规模的相关分析. 南方人口, 27(3): 13-22.

顾鉴塘. 1997. 浅析人口变动与市场需求. 南方人口, 12(1): 55-58.

郭克莎, 黄彦彦. 2018. 从国际比较看中国房地产市场发展的问题及出路. 财贸经济, 39(1): 7-24.

郭克莎. 2017. 中国房地产市场的需求和调控机制——一个处理政府与市场关系的分析框架. 管理世界, 33(2): 97-108.

郭娜. 2016. 人口老龄化对我国房地产价格影响研究. 价格理论与实践, 36(5): 93-96.

郭庆松. 1996. 家庭生命周期与家庭消费行为. 消费经济, 12(2): 27-30.

郭志刚. 2008. 关于中国家庭户变化的探讨与分析. 中国人口科学, 22(3): 2-10.

郭志刚. 2017. 中国低生育进程的主要特征——2015 年 1%人口抽样调查结果的启示. 中国人口科学, 31(4): 2-14.

胡金星, 顾娟. 2017. 人口老龄化对房价影响的区域异质性研究——基于全国 31 个省份面板数据的实证分析. 华东师范大学学报(哲学社会科学版), 49(3): 155-160, 176.

胡明志, 农汇福, 陈杰. 2017. 中国人口老龄化与房价关系再检验: 基于房改红利视角的研究. 华东师范大学学报(哲学社会科学版), 49(3): 132-144.

胡雨村, 沈岐平. 2001. 香港住宅产业发展的系统动力学研究. 系统工程理论与实践, 21(7): 32-37.

胡玉奎, 韩于羹, 曹铮韵. 1997. 系统动力学模型的进化. 系统工程理论与实践, 17(10): 132-136.

胡湛, 彭希哲. 2014. 中国当代家庭户变动的趋势分析——基于人口普查数据的考察. 社会学研究, 29(3): 145-166.

黄尚. 2016. 我国人口年龄结构对居民住房需求的影响. 南京: 南京大学.

姜喜龙, 李忠富. 2012. 带有经济预期的家庭个体住房需求分析模型. 系统工程理论与实践, 32(7): 1415-1420.

蒋耒文, 任强. 2005. 中国人口、家庭户与住房需求预测研究. 人口与发展, 11(2): 20-29.

金晓斌, 殷少美, 尹小宁, 等. 2004. 城市住宅产业发展系统动力学研究——以南京市为例. 南京大学学报(自然科学版), 40(6): 760-768.

况伟大, 朱勇, 刘江涛. 2012. 房产税对房价的影响: 来自 OECD 国家的证据. 财贸经济, 33(5): 121-129.

况伟大. 2010. 预期, 投机与中国城市房价波动. 经济研究, 45(9): 67-78.

况伟大. 2013. 开征房产税对预期房价的影响: 来自北京市调查问卷的证据. 世界经济, 36(6): 145-160.

李爱华, 成思危, 李自然. 2006. 城镇居民住房购买力研究. 管理科学学报, 9(5): 8-17.

李超, 倪鹏飞, 万海远. 2015. 中国住房需求持续高涨之谜: 基于人口结构视角. 经济研究, 50(5): 118-133.

李成刚, 潘康. 2018. 土地财政、城镇化与房地产发展——基于面板数据联立方程模型的实证. 经济问题探索, 431(6): 43-53.

李汉东, 王然, 任昱洁. 2018. 计划生育政策以来的独生子女数量及家庭结构分析. 统计与决策, 34(13): 99-104.

李健元, 孙刚, 李刚. 2011. 中美人口数量代际变化对中美股票市场和房地产市场的影响研究. 管理世界, 27(8): 171-172.
李通屏, 彭博, 邵红梅. 2017. 人口老龄化推高了中国房价吗？——基于省际动态面板数据的实证分析. 中国地质大学学报(社会科学版), 17(5): 105-115.
李祥, 高波. 2011. 人口年龄结构对住宅市场的影响效应分析. 经济体制改革, 29(6): 38-42.
李晓娥. 2005. 人口老龄化与房地产行业的发展探微. 中国人口科学, 19(1): 175-178.
李妍. 2011. 房地产政策仿真研究与实践. 深圳大学学报(人文社会科学版), 28(4): 25-29.
李勇刚, 李祥, 高波. 2012. 房价上涨对居民生育行为的影响研究. 湖南师范大学社会科学学报, 41(6): 99-103.
刘传江, 郑凌云. 2002. 现代化进程中的人口转变一个广义视野的考察. 南方人口, 17(4): 1-7.
刘贵. 2015. 城镇居民住房需求收入弹性模型及应用研究. 南京: 东南大学.
刘洪玉, 任荣荣. 2008. 我国城镇商品住房需求的行为特征分析. 土木工程学报, 55(12): 83-88.
刘洪玉, 郑思齐. 2007. 城市与房地产经济学. 北京: 中国建筑工业出版社.
刘华, 钟甫宁, 朱晶, 等. 2016. 计划生育政策影响了出生性别比吗？——基于微观行为主体的考察. 人口学刊, 38(4): 5-16.
刘菁, 董迎春. 2017. 基于人口结构角度的房地产市场需求研究. 工程管理学报, 31(5): 135-139.
刘颖春. 2004. 城市化过程中人口变动趋势对我国房地产开发的影响. 人口学刊, 24(3): 84-87.
娄永红, 马国丰, 吕静静, 等. 2010. 影响住房需求因素的实证分析——以嘉善县为例. 上海管理科学, 32(6): 86-88.
卢新海, 陈婧, 韩璟. 2016. 限购政策下北京商品房供求结构变化特征分析. 中国房地产, 37(3): 13-24.
陆铭. 2016. 大国大城: 当代中国的统一、发展与平衡. 上海：上海人民出版社.
陆伟锋, 吴鹏昆, 吴园园. 2015. 单独二孩政策下的人口预测研究. 统计与决策, 31(7): 69-73.
罗安邦. 2014. 住房需求与经济基本面——基于购房者风险偏好视角的研究. 南方经济, 32(3): 81-97.
罗斌, 王花. 2013. 基于系统动力学的房地产调控政策动态仿真模型. 技术经济, 32(6): 111-119.
罗平, 耿继进, 王峰, 等. 2004. 深圳市房地产系统仿真及政策实验研究. 热带地理, 24(4): 371-375.
罗平, 何素芳, 牛慧恩. 2001. 城市住宅市场价格系统动力学模型实证研究. 人文地理, 16(2): 57-61.
马春华, 石金群, 李银河, 等. 2011. 中国城市家庭变迁的趋势和最新发现. 社会学研究, 25(2): 182-216.
马丽. 2017. 基于系统动力学的房地产企业的重大风险分析——以 XY 房地产公司为例. 项目管理技术, 15(7): 81-86.
孟庆斌, 黄清华, 张能鲲, 等. 2017. 城镇化、区域发展不均衡与房地产价格. 经济理论与经济管理, 37(9): 7-20.
彭希哲, 胡湛. 2015. 当代中国家庭变迁与家庭政策重构. 中国社会科学, 36(12): 113-132.
乔晓春. 2004. 性别偏好、性别选择与出生性别比. 中国人口科学, 18(1): 14-22.
萨日娜, 林锦国, 李为相, 等. 2009. 基于系统动力学的南京房地产需求仿真研究.江苏省系统工程学会学术年会, 镇江: 251-256.

沈可, 史倩. 2018. 人口结构与家庭规模对生活能源消费的影响——基于中国省级面板数据的实证研究. 人口研究, 42(6): 100-110.
施建军, 张琳. 1999. 1998～2010 年城镇住宅需求总量预测. 数量经济技术经济研究, 16(9): 3-7.
宋德勇, 刘章生, 弓媛媛. 2017. 房价上涨对城镇居民二孩生育意愿的影响. 城市问题, 36(3): 69-74.
宋健, 黄菲. 2011. 中国第一代独生子女与其父母的代际互动——与非独生子女的比较研究. 人口研究, 35(3): 3-16.
宋健, 于景元, 李广元. 1980. 人口发展过程的预测. 中国科学, 31(9): 102-114.
宋萍. 1998. 析我国家庭规模小型化趋势及其对消费的影响. 人口学刊, 18(3): 27-30.
苏懋康. 1988. 系统动力学原理及应用. 上海: 上海交通大学出版社.
汤有丽. 2013. 住房公积金贷款对我国城镇居民住房需求的影响. 南京: 南京大学.
汪伟. 2010. 计划生育政策的储蓄与增长效应: 理论与中国的经验分析. 经济研究, 45(10): 63-77.
王大港, 刘伊生. 2016. 去库存背景下我国中小城市商品住宅市场风险预警研究——以山东省潍坊市为例. 价格理论与实践, 36(3): 66-69.
王德兵, 李世蓉, 梁怀庆. 2008. 节能省地型住宅发展系统模拟与预测. 建筑经济, 29(4): 64-67.
王建斌, 尹微微. 2018. 投资性住房需求、技术冲击与宏观经济. 现代经济探讨, 37(7): 51-60.
王军, 王广州, 高凌斐, 等. 2016. 中国出生性别比水平估计及形势判断. 学习与实践, 33(3): 82-91.
王美遐. 2017. 人口结构对中国房价的影响分析. 济南: 山东大学.
王其藩. 1986. 系统动力学的理论与应用(五). 国外自动化, 8(4): 52-59.
王文莉, 高波. 2012. 通货膨胀, 住房所有者资本成本与住房需求——中国 35 个大中城市面板数据的实证分析. 财经理论与实践, 33(5): 30-35.
王肖文, 刘伊生. 2014. 绿色住宅市场化发展驱动机理及其实证研究. 系统工程理论与实践, 34(9): 2274-2282.
王迅. 2015. 土地价格、房地产信贷规模与房价的相互影响与均衡关系. 系统工程, 33(2): 35-41.
王营营, 王振坡, 范晓莉. 2017. 基于贝叶斯网络的城市居民住房需求偏好研究——以天津市为例. 城市发展研究, 24(4): 100-110.
王永钦, 包特. 2011. 异质交易者、房地产泡沫与房地产政策. 世界经济, 71(11): 86-104.
王跃生. 2006. 当代中国家庭结构变动分析. 中国社会科学, 27(1): 96-108.
王跃生. 2013. 中国城乡家庭结构变动分析——基于 2010 年人口普查数据. 中国社会科学, 34(12): 62-79, 207-208.
王振坡, 郗曼, 王丽艳. 2018. 住房消费需求、投资需求与租买选择差异研究——基于天津市的实证分析. 城市发展研究, 25(5): 44-51.
武力超, 林俊民, 韩华桂, 等. 2018. 人口结构对中日美房地产市场影响的比较研究. 审计与经济研究, 33(2): 106-120.
肖洋, 宋旭. 2014. 应关注人口年龄结构变化对我国住房市场的影响. 经济纵横, 30(12): 125-128.
谢琛, 袁建华. 2010. 基于灰色理论的人口年龄结构对房地产需求影响分析. 数学的实践与认识, 40(10): 201-209.

谢贤程. 1995. 香港房地产市场. 北京: 中国经济出版社.

徐建炜, 徐奇渊, 何帆. 2012. 房价上涨背后的人口结构因素: 国际经验与中国证据. 世界经济, 35(1): 24-42.

徐忠, 张雪春, 邹传伟. 2012. 房价、通货膨胀与货币政策——基于中国数据的研究. 金融研究, 55(6): 1-12.

许春青, 田益祥, 马永开. 2011. 房地产周期波动的系统动力学模型. 电子科技大学学报(社会科学版), 13(4): 32-37.

许云华, 张显武, 刘冬华. 2011. 城市化进程中住房需求影响因素的实证分析——以合肥市为例. 特区经济, 29(11): 202-205.

杨华磊, 温兴春, 何凌云. 2015. 出生高峰、人口结构与住房市场. 人口研究, 39(3): 87-99.

杨华磊, 温兴春, 何凌云. 2015. 中国婴儿潮下的城镇住房需求. 中国经济问题, 57(2): 49-60.

杨华磊. 2015. 人口世代更迭对储蓄、房地产及其他资产的影响机制. 南方金融, 37(10): 37-44.

杨茂盛, 赵青. 2016. 基于系统动力学的西安市商品住宅需求拓展分析. 当代经济, 32(35): 86-87.

杨巧. 2013. 人口老龄化背景下我国住房需求变化趋势与养老地产发展研究. 金融发展研究, 32(11): 28-32.

杨霞, 徐邓耀. 2011. 城市发展中人口结构变化与住房需求的研究. 开发研究, 27(2): 84-87.

杨晓冬, 李远. 2013. 我国城镇化对商品住房需求的拉动效应研究. 工程管理学报, 27(4): 93-97.

杨赞, 方帅, 樊颖. 2018. 基于居住选择与居住意愿的中国老年人生活满意度的微观研究. 华东师范大学学报(哲学社会科学版), 50(6): 153-162.

姚玲珍. 1998. 人口变动对住宅商品需求的影响. 发展研究, 15(12): 37-38.

叶永刚, 王凌伟, 魏海瑞. 2016. 人口年龄结构、预期与中国房价: 基于需求方的视角. 统计与决策, 32(4): 122-126.

易君健, 易行健. 2008. 房价上涨与生育率的长期下降: 基于香港的实证研究. 经济学(季刊), 7(3): 961-982.

殷文, 沈晓燕. 2018. 城市青年住房消费意愿的实证研究 ——基于消费社会学视角. 调研世界, 31(2): 22-27.

曾国安, 胡钢剑. 2018. 中国货币政策对商品住房需求量影响的理论分析及实证检验. 经济与管理评论, 34(1): 108-117.

曾洋洋, 晏景瑞, 匡芝. 2015. “少子老龄化”对中国房价的影响分析——基于中国 1999-2013 年省级面板数据的 VAR 动态分析. 当代经济, 31(12): 117-119.

曾毅, 李伟, 梁志武. 1992. 中国家庭结构的现状、区域差异及变动趋势. 中国人口科学, 6(2): 1-12.

曾毅, 王正联. 2004. 中国家庭与老年人居住安排的变化. 中国人口科学, 18(5): 2-8.

翟振武, 陈佳鞠, 李龙. 2017. 2015～2100 年中国人口与老龄化变动趋势. 人口研究, 41(4): 60-71.

翟振武, 李龙. 2015. “单独二孩”政策的回顾与展望. 人口与计划生育, 23(3): 8-10.

翟振武, 张现苓, 靳永爱. 2014. 立即全面放开二胎政策的人口学后果分析. 人口研究, 38(2): 3-17.

张冲. 2014. 中国人口结构对住房需求的影响. 成都: 西南财经大学.

张清勇. 2007. 中国城镇居民的住房支付能力: 1991——2005. 财贸经济, 28(4): 79-84.
张顺明, 王彦一, 王晖. 2018. 房产税政策模拟分析——基于 CGE 视角. 管理科学学报, 21(8): 6-25.
张洋洋. 2016. 家庭特征与住宅价格关系的实证研究. 南京: 南京财经大学.
张昭, 陈兀桐. 2009. 人口因素对中国房地产行业波动的影响及预测分析. 金融经济, 28(4): 33-35.
赵黎明, 李波, 刘煜. 2004. 房地产企业预警系统指标的系统动力学分析. 天津大学学报(社会科学版), 6(2): 142-145.
赵霞, 徐静静, 蒙永亨. 2017. 杭州人口因素对商品住宅需求影响的实证分析——基于灰色理论. 中国房地产, 38(6): 28-33.
赵晓莉, 吴晓燕, 周京奎. 2012. 房产税影响居民住房消费选择吗？——基于美国调查数据的实证研究. 财贸研究, 23(6): 71-82.
郑思齐, 刘洪玉. 2005. 住房需求的收入弹性: 模型、估计与预测. 土木工程学报, 38(7): 122-126.
郑思齐, 王寅啸. 2007. 房价上涨预期对住房需求的放大效应研究. 中国物价, 20(6): 52-55.
郑忠华, 郭娜. 2011. 我国房地产价格高涨的原因研究——信贷渠道视角下的解释. 中国经济问题, 53(6): 44-51.
钟庭军. 2009. 论住房的刚性需求. 经济理论与经济管理, 29(9): 16-21.
周彬, 杜两省. 2010. “土地财政”与房地产价格上涨: 理论分析和实证研究. 财贸经济, 31(8): 109-116.
周福林. 2006. 我国留守家庭研究. 北京: 中国农业大学出版社.
朱礼华, 赵志勇. 2013. 当前中国老龄化的储蓄效应及其未来影响——基于日本的经验借鉴. 西北人口, 34(1): 21-25.
朱喜安, 艾志国, 朱宁. 2016. 单独二孩政策对人口数量及老龄化的影响研究. 统计与决策, 32(15): 99-101.
邹瑾, 于焘华, 王大波. 2015. 人口老龄化与房价的区域差异研究——基于面板协整模型的实证分析. 金融研究, 34(11): 64-79.
邹瑾. 2014. 人口老龄化与房价波动——来自中国的经验证据. 财经科学, 58(6): 115-124.
邹瑾. 2017. 人口老龄化与房价波动的地区差异. 经济经纬, 34(1): 94-99.
Abel A B. 2001. Will bequests attenuate the predicted meltdown in stock prices when baby boomers retire？Review of Economics and Statistics, 83(4): 589-595.
Attanasio O P, Bottazzi R, Low H W, et al. 2012. Modelling the demand for housing over the life cycle. Review of Economic Dynamics, 15(1): 1-18.
Bakshi G S, Chen Z. 1994. Baby Boom, Population aging, and capital markets. Journal of Business, 67(2): 165-202.
Bar M, Leukhina O. 2010. Demographic transition and industrial revolution: a macroeconomic investigation. Review of Economic Dynamics, 13(2): 424-451.
Bick A, Choi S. 2012. Revisiting the effect of household size on consumption over the life-cycle. Journal of Economic Dynamics & Control, 37(12): 2998-3011.
Bongaarts J. 2001. Household size and composition in the developing world in the 1990s. Population Studies, 55(3): 263-279.

Brown I, Tari E, Le-Ol E N A. 2015. The impact of urban growth on housing demand in emerging settlements of port harcourt metropolis: the rukpokwu experience. International Journal of Scientific and Engineering Research, 6(8): 627-637.

Brueckner J K, Fu S, Gu Y, et al. 2017. Measuring the stringency of land-use regulation: the case of China's building-height limits. The Review of Economics and Statistics, 99(4): 1-34.

Burch T K. 1967. The size and structure of families: a comparative analysis of census data. American Sociological Review, 32(3): 347-363.

Carliner G. 1973. Income elasticity of housing demand. Review of Economics and Statistics, 55(4): 528-532.

Case K E, Shiller R J. 2003. Is there a bubble in the housing market. Brookings Papers on Economic Activity, 34(2): 299-362.

Ceritoğlu E. 2019. Homeownership, housing demand, and household wealth distribution in Turkey. Emerging Markets Finance and Trade, 55(5): 1-20.

Chen J, Jin M. 2014. Income elasticity of housing demand in China: micro-data evidence from Shanghai. Journal of Contemporary China, 23(85): 68-84.

Chen J, Man H E C, Seiler M J, et al. 2018. Household tenure choice and housing price volatility under a binding home-purchase limit policy constraint. Journal of Housing Economics, 41(3): 124-134.

Chen Y, Clapp J M, Tirtiroglu D. 2011. Hedonic estimation of housing demand elasticity with a markup over marginal costs. Journal of Housing Economics, 20(4): 233-248.

Chen Y, Gibb K, Leishman C, et al. 2012. The impact of population ageing on house prices: a micro-simulation approach. scottish Journal of Political Economy, 59(5): 523-542.

Choudhry T. 2010. Does interest rate volatility affect the US demand for housing? Evidence from the autoregressive distributed lag method. The Manchester School, 78(4): 326-344.

Chow G C, Niu L. 2015. Housing prices in urban China as determined by demand and supply. Pacific Economic Review, 20(1): 1-16.

Cocco J F. 2004. Portfolio choice in the presence of housing. Review of Financial Studies, 18(2): 535-567.

Dettling L J, Kearney M S. 2014. House prices and birth rates: the impact of the real estate market on the decision to have a baby. Journal of Public Economics, 110(1): 82-100.

Di Z X. 2009. Does second-home ownership affect primary housing demand? Housing Studies, 24(3): 321-332.

Du J, Yang Y, Li D, et al. 2017. Do investment and improvement demand outweigh basic consumption demand in housing market? Evidence from small cities in Jiangsu, China. Habitat International, 66(7): 24-31.

Dusansky R, Koc C, Onur I. 2012. Household housing demand: empirical analysis and theoretical reconciliation. Journal of Real Estate Finance and Economics, 44(4): 429-445.

Dusansky R, Koc C. 2007. The capital gains effect in the demand for housing. Journal of Urban Economics, 61(2): 287-298.

Engelhardt G V, Greenhalgh-Stanley N. 2010. Home health care and the housing and living arrangements of the elderly. Journal of Urban Economics, 67(2): 226-238.

Engelhardt G V, Poterba J M. 1991. House prices and demographic change: Canadian evidence. Regional Science and Urban Economics, 21(4): 539-546.

Ermisch J F, Findlay J, Gibb K. 1996. The price elasticity of housing demand in Britain: issues of sample selection. Journal of Housing Economics, 5(1): 64-86.

Ermisch J. 1996. The demand for housing in Britain and population ageing: microeconometric evidence. Economica, 63(251): 383-404.

Fontenla M, Gonzalez F. 2009. Housing demand in Mexico. Journal of Housing Economics, 18(1): 1-12.

Frame D E. 2004. Equilibrium and migration in dynamic models of housing markets. Journal of Urban Economics, 55(1): 93-112.

Gabriel S A, Mattey J P, Wascher W L. 1999. House price differentials and dynamics: evidence from the los angeles and San Francisco metropolitan areas. Economic Review, 1(1): 3-22.

Gandil M M. 1996. The impact of dwelling quality and neighbourhood quality on the estimation of the income elasticity of demand for rental housing in Jeddah, Saudi Arabia. Urban Studies, 33(2): 301-316.

Gelfand A E, Ecker M D, Knight J R, et al. 2004. The dynamics of location in home price. Journal of Real Estate Finance and Economics, 29(2): 149-166.

Gervais M. 2002. Housing taxation and capital accumulation. Journal of Monetary Economics, 49(7): 1461-1489.

Glick P C. 1947. The family life cycle. American Sociological Review, 12(2): 164-174.

Głuszak M. 2015. Multinomial logit model of housing demand in Poland. Real Estate Management and Valuation, 23(1): 84-89.

Goode W J. 1964. World revolution and family patterns. Journal of Marriage and Family, 26(3): 380-381.

Green R, Hendershott P H. 1996. Age, housing demand, and real house prices. Regional Science and Urban Economics, 26(5): 465-480.

Harmon O R, Potepan M J. 1988. Housing adjustment costs: their impact on mobility and housing demand elasticities. Real Estate Economics, 16(4): 459-478.

Harper S. 2014. Economic and social implications of aging societies. Science, 346(6209): 587-591.

He L, Wen X. 2017. Population growth, interest rate, and housing tax in the transitional China. Physica A: Statistical Mechanics and its Applications, 469(5): 305-312.

Hiller N, Lerbs O W. 2016. Aging and urban house prices. Regional Science and Urban Economics, 60(5): 276-291.

Holland A S. 2004. The baby boom and the housing market: another look at the evidence. Regional Science and Urban Economics, 21(4): 565-571.

Horioka C Y. 1988. Tenure choice and housing demand in Japan. Journal of Urban Economics, 24(3): 289-309.

Hugo G. 2005. Implications of demographic change for future housing demand in Australia. Australian Planner, 42(2): 33-41.

Hui E C M, Wang X, Jia S. 2016. Fertility rate, inter-generation wealth transfer and housing price in China: a theoretical and empirical study based on the overlapping generation model. Habitat international, 53(3): 369-378.

Hui E C M, Yu K H. 2006. Simulating Hong Kong's office leasing market via system dynamics modeling. General Information, 9(1): 23-43.

Iacoviello M, Neri S. 2010. Housing market spillovers: evidence from an estimated DSGE model. American Economic Journal Macroeconomics, 2(2): 125-164.

Jiang L, O'Neill B C. 2010. Impacts of demographic trends on US household size and structure. Population and Development Review, 33(3): 567-591.

Kelly R, Mccann F, O' Toole C. 2018. Credit conditions, macroprudential policy and house prices. Journal of Housing Economics, 41(3): 153-167.

Kenny G. 1999. Modelling the demand and supply sides of the housing market: evidence from Ireland. Economic Modelling, 16(3): 389-409.

Kincannon C L, He W, West L A. 2005. Demography of aging in China and the United States and the economic well-being of their older populations. Journal of Cross-Cultural Gerontology, 20(3): 243-255.

Kummerow M. 1999. A system dynamics model of cyclical office oversupply. Journal of Real Estate Research, 18(1): 233-255.

Kuznets S. 1976. Demographic aspects of the size distribution of income: an exploratory essay. Economic Development and Cultural Change, 25(1): 1-94.

Landry A. 1934. La Revolution Demographique. Paris: Recueil Sirey.

Landvoigt T. 2017. Housing demand during the boom: the role of expectations and credit constraints. Review of Financial Studies, 30(6): 1865-1902.

Lauf S, Haase D, Seppelt R, et al. 2012. Simulating demography and housing demand in an urban region under scenarios of growth and shrinkage. Environment and Planning B: Planning and Design, 39(2): 229-246.

Lee J H, Lim J. 2013. Demographic changes and housing demands by scenarios with ASFRs. International Journal of Housing Markets and Analysis, 6(3): 317-340.

Lee R. 2003. The demographic transition: three centuries of fundamental change. The Journal of Economic Perspectives, 17(4): 167-190.

Leeuw F D. 1971. The demand for housing: a review of cross-section evidence. Review of Economics and Statistics, 53(1): 1-10.

Levin E, Montagnoli A, Wright R E. 2009. Demographic change and the housing market: evidence from a comparison of Scotland and England. Urban Studies, 46(1): 27-43.

Li M, Shen K, Qiu J. 2013. Population aging and housing consumption: a nonlinear relationship in China. China and World Economy, 21(5): 60-77.

Lindh T, Malmberg B. 2008. Demography and housing demand-what can we learn from residential construction data? Journal of Population Economics, 21(3): 521-539.

Liow K H, Addae-Dapaah K. 2010. Idiosyncratic risk, market risk and correlation dynamics in the US real estate investment trusts. Journal of Housing Economics, 19(3): 205-218.

Liu X. 2019. The income elasticity of housing demand in New South Wales, Australia. Regional Science and Urban Economics, 75(2): 70-84.

Luea H M. 2010. The impact of financial help and gifts on housing demand and cost burdens. Contemporary Economic Policy, 26(3): 420-432.

Malmberg B. 2012. Fertility cycles, age structure and housing demand. Scottish Journal of Political Economy, 59(5): 467-482.

Mankiw N G, Weil D N. 1989. The baby boom, the baby bust, and the housing market. Regional Science and Urban Economics, 19(2): 235-258.

Mayer C. 2002. Monetary policy transmission to residential investment: commentary. Economic Policy Review, 8(5): 139-158.

Mayo S K. 1981. Theory and estimation in the economics of housing demand. Journal of Urban Economics, 10(1): 95-116.

Mcfadden D L. 1994. Demographics, the Housing Market, and the Welfare of the Elderly. Chicago: University of Chicago Press.

Meadows D H, Goldsmith E, Meadow P. 1972. The Limits to Growth. New York: New American Library.

Mehrotra S N, Carter D R. 2017. Determinants of growth in multiunit housing demand since the great recession: an age-period-cohort analysis. Urban Studies Research, 2017(3): 1-10.

Mian A, Rao K, Sufi A. 2013. Household balance sheets, consumption, and the economic slump. Quarterly Journal of Economics, 128(4): 1687-1726.

Mian A, Sufi A. 2011. House prices, home equity-based borrowing, and the US household leverage crisis. American Economic Review, 101(5): 2132-2156.

Michaels G, Rauch F, Redding S J. 2008. Urbanization and structural transformation. Quarterly Journal of Economics, 127(2): 535-586.

Mizuta T, Shimizu C, Uesugi I. 2016. How inheritance affects the real estate market in an aging economy: evidence from transaction and registry data. HIT-REFINED Working Paper Series, 16(3): 1-35.

Modigliani F. 1996. The life cycle Hypothesis of saving, the demand for wealth and the supply of capital. Social Research, 33(2): 160-217.

Moos M, Skaburskis A. 2010. The globalization of urban housing markets: immigration and changing housing demand in vancouver. Urban Geography, 31(6): 724-749.

Muth R F. 1960. The Demand for Non-Farm Housing. Chicago: University of Chicago Press.

Myers D, Ryu S H. 2008. Aging baby boomers and the generational housing bubble: foresight and mitigation of an epic transition. Journal of the American Planning Association, 74(1): 17-33.

Najarzadeh R, Shahidi A. 2015. Modeling housing demand for new residential buildings in urban areas. Iranian Economic Review, 19(2): 165-176.

Ohtake F, Shintani M. 1996. The effect of demographics on the Japanese housing market. Regional Science and Urban Economics, 26(2): 189-201.

Olsen E O. 1969. A competitive theory of the housing market. American Economic Review, 59(4): 612-622.

Poterba J M, Weil D N, Shiller R. 1991. House price dynamics: the role of tax policy and demography. Brookings Papers on Economic Activity, 22(2): 143-203.

Schoeni M. 2000. Social security, economic growth, and the rise in elderly widows' independence in the twentieth century. Demography, 37(2): 221-236.

Shen Q, Chen Q, Tang B S, et al. 2009. A system dynamics model for the sustainable land use planning and development. Habitat International, 33(1): 15-25.

Solak A O, Kabadayi B. 2016. An econometric analysis of housing demand in Turkey. Advances in Management and Applied Economics, 6(3): 47.

Takáts E. 2012. Aging and house prices. Journal of Housing Economics, 21(2): 131-141.

Thompson W. 1929. Population. American Journal of Sociology, 34(6): 959-975.

Thompson W. 2010. China's rapidly aging population. Todays Research on Aging Program and Policy Implications, 343(2): 373-384.

Tsai I C. 2013. Housing affordability, self-occupancy housing demand and housing price dynamics. Habitat International, 40(4): 73-81.

Wang Z, Wang C, Zhang Q. 2015. Population ageing, urbanization and housing demand. Journal of Service Science and Management, 8(4): 516-525.

Wu J, Gyourko J, Deng Y. 2012. Evaluating conditions in major Chinese housing markets. Regional Science and Urban Economics, 42(3): 531-543.

Yang X, Wu Y. 2017. Evaluation of green residential housing market maturity: empirical evidence from Nanjing, China. Journal of Asian Architecture and Building Engineering, 16(1): 67-74.

Yi D, Deng X, Fan G Z, et al. 2018. House price and co-residence with older parents: evidence from China. The Journal of Real Estate Finance and Economics, 57(3): 502-533.

Zhang X, Geltner D, De Neufville R. 2018. System dynamics modeling of Chinese urban housing markets for pedagogical and policy analysis purposes. The Journal of Real Estate Finance and Economics, 57(1): 476-501.

Zhao B. 2015. Rational housing bubble. Economic Theory, 60(1): 141-201.

Zheng X, Xia Y, Hui E C M, et al. 2018. Urban housing demand, permanent income and uncertainty: microdata analysis of Hong Kong's rental market. Habitat International, 74(4): 9-17.

附录　系统动力学方程

附录 1　人口子系统系统动力学方程

INITIAL TIME = 2000

Units：Year

The initial time for the simulation.

FINAL TIME = 2050

Units：Year

The final time for the simulation.

"0～14岁" = 女性0岁 + "女性1～4岁" + "女性5～9岁" + "女性10～14岁" + 男性0岁 + "男性1～4岁" + "男性5～9岁" + "男性10～14岁"

Units：万人

"15～64岁" = "女性15～19岁" + "女性20～24岁" + "女性25～29岁" + "女性30～34岁" + "女性35～39岁" + "女性40～44岁" + "女性45～49岁" + "女性50～54岁"+ "女性55～59岁" + "女性60～64岁" + "男性15～19岁" + "男性20～24岁" + "男性25～29岁" + "男性30～34岁" + "男性35～39岁" + "男性40～44岁" + "男性45～49岁" + "男性50～54岁" + "男性55～59岁" + "男性60～64岁"

Units：万人

"65岁及以上" = "女性65～69岁" + "女性70～74岁" + "女性75～79岁" + "女性80～84岁" + "女性85～89岁" + "女性90～94岁" + "女性95～99岁" + 女性100岁及以上 + "男性65～69岁" + "男性70～74岁" + "男性75～79岁" + "男性80～84岁" + "男性85～89岁" + "男性90～94岁" + "男性95～99岁" + 男性100岁及以上

Units：万人

总人口 = "0～14岁" + "15～64岁" + "65岁及以上"

Units：万人

F0 = 女性0岁×（1–FDR0）

Units：万人/Year

F1 = "女性1～4岁"×（1–FDR1）/4

Units：万人/Year

F10 = "女性45～49岁"×（1–FDR10）/5

Units：万人/Year

FD0 = FDR0×女性0岁

Units：万人/Year

FD1 = "女性1～4岁"×FDR1

Units：万人/Year

FD10 = "女性45～49岁"×FDR10

Units：万人/Year

FDR0 = IF THEN ELSE（Time< = 2010，"FDR0-1"，0.00445691×（1–（Time–2010）/2000））

Units：Dmnl/Year

FDR10 = WITH LOOKUP（Time，（[（2000，0）—（2050，0.01）]，（2000，0.002513），（2010，0.0016034），（2050，0.0016034）））

Units：Dmnl/Year

FDR20 = IF THEN ELSE（Time< = 2010，"FDR20-1"，0.203902×（1–（Time–2010）/1000））

Units：Dmnl/Year

M0 = 男性0岁×（1–MDR0）

Units：万人/Year

M1 = "男性1～4岁"×（1–MDR1）/4

Units：万人/Year

M10 = "男性45～49岁"×（1–MDR10）/5

Units：万人/Year

MD0 = 男性0岁×MDR0

Units：万人/Year

MD1 = "男性1～4岁"×MDR1

Units：万人/Year

MDR0 = IF THEN ELSE（Time< = 2010，"MDR0-1"，0.00429234×（1–（Time–2010）/2000））

Units：Dmnl/Year

MDR1 = IF THEN ELSE（Time< = 2010，"MDR1-1"，0.000688037×（1–（Time–2010）/1000））

Units：Dmnl/Year

出生性别比 = RANDOM UNIFORM（102，107，104）

Units：Dmnl

女性0岁 = INTEG（女性出生速率–F0–FD0，646.389）

Units：万人

"女性1～4岁" = INTEG（F0–F1–FD1，2560.21）

Units：万人

男性0岁 = INTEG（男性出生速率–M0–MD0，760.458）

Units：万人

"男性1～4岁" = INTEG（M0–M1–MD1，3079.86）

Units：万人

男性出生速率 = （"P15-19"×"女性15～19岁" + "P20-24"×"女性20～24岁" + "P25-29"×"女性25～29岁" + "P30-34"×"女性30～34岁" + "P35-39"×"女性35～39岁" + "P40-44"×"女性40～44岁" + "P45-49"×"女性45～49岁"）×出生性别比/（100 + 出生性别比）×政策系数

Units：万人/Year

女性出生速率 = （"P15-19"×"女性15～19岁" + "P20-24"×"女性20～24岁" + "P25-29"×"女性25～29岁" + "P30-34"×"女性30～34岁" + "P35-39"×"女性35～39岁" + "P40-44"×"女性40～44岁" + "P45-49"×"女性45～49岁"）×100/（100 + 出生性别比）×政策系数

Units：万人/Year

政策系数 = 1 + STEP（0.17，2016） + STEP（–0.17，2018）

Units：Dmnl

老年抚养比 = "65岁及以上"/"15～64岁"×100

Units：%

少年抚养比 = "0～14岁"/"15～64岁"×100

Units：%

总抚养比 = 少年抚养比 + 老年抚养比

Units：%

附录2　家庭子系统系统动力学方程

INITIAL TIME = 2000

Units：Year

The initial time for the simulation.

FINAL TIME = 2050

Units：Year

The final time for the simulation.

"1代户" = INTEG（"1代户增加量"，7389.27）

Units：万户

"1代户占比" = "1代户"/家庭户数×100

Units：%

"2代户" = INTEG（"2代户增加量"，20196.4）

Units：万户

"2代户占比" = "2代户"/家庭户数×100

Units：%

"3代户" = INTEG（"3代户增加量"，6212.24）

Units：万户

"3代户占比" = "3代户"/家庭户数×100

Units：%

"4代户及以上" = INTEG（"4代户及以上增加量"，251.2）

Units：万户

"4代户及以上占比" = "4代户及以上"/家庭户数×100

Units：%

人口总量 = INTEG（出生人口–死亡人口，126743）

Units：万人

代际结构 = 老年人口×老年人居住意愿×家庭可支配收入对代际结构的影响系数

Units：Dmnl

住房消费支出 = IF THEN ELSE（Time＜2013，家庭消费支出/家庭规模×0.12，家庭消费支出/家庭规模×0.22）

Units：元

住房消费支出占总支出比例 = 住房消费支出/家庭消费支出

Units：Dmnl

出生人口 = 人口总量×出生率

Units：万人

出生人口变化 = IF THEN ELSE（（出生人口–DELAY1（出生人口，1））＜= 0，0，出生人口–DELAY1（出生人口，1））

Units：万人

出生率 = 育龄妇女比例×生育率×住房消费支出影响因子×生育政策

Units：Dmnl

家庭储蓄率 = 家庭可支配收入–家庭消费支出

Units：元

家庭可支配收入 = 人均可支配收入×家庭规模

Units：元·人/户

家庭户人口占总人口比例 = 0.98

Units：Dmnl

家庭户数 = 人口总量×家庭户人口占总人口比例/家庭规模

Units：万户

家庭消费支出 = 家庭可支配收入×0.75

Units：元·人/户

家庭观念 = WITH LOOKUP（Time，（[（2000，1）—（2050，20）]，（2000，8），（2010，12），（2024.92，16），（2035，18），（2050，20）））

Units：Dmnl

家庭规模 = INTEG（–家庭规模变化量，3.44）

Units：人/户

家庭规模变化量 = –（3.399 + 0.077×出生率×1000 + 6.6171×"3代户占比"/100–0.3079×LN（人均可支配收入）+ 0.2322×人口迁移/10000–DELAY1（家庭规模，1））/家庭观念

附录 3　住房需求子系统系统动力学方程

INITIAL TIME = 2000

Units：Year

The initial time for the simulation.

FINAL TIME = 2050

Units：Year

The final time for the simulation.

人口增加 = 出生人口–死亡人口

Units：万人

人口总量 = INTEG（出生人口–死亡人口，126743）

Units：万人

GDP = INTEG（GDP 变化，100280）

Units：亿元

GDP 变化 = GDP×GDP 变化率

Units：亿元

二套房首付比例 = IF THEN ELSE（Time＜2010，0，IF THEN ELSE（Time＜

2011，0，IF THEN ELSE（Time＜2015，0.6，IF THEN ELSE（Time＜2017，0.6，0.6））））

Units：Dmnl

二套房首付比例影响因子 = WITH LOOKUP（二套房首付比例，([（0，0.8）—（0.9，1.5）]，（0，1.3），（0.4，1），（0.5，0.98），（0.6，0.95），（0.9，0.8）））

Units：Dmnl

二手房供应 = 投资型住房需求增加×0.3

Units：万米^2

人均居住面积 = 7.88×LN（人均可支配收入）–42.72

Units：米^2

住房价格 = INTEG（住房价格变化，1948）

Units：元/米^2

住房价格对生育率的影响系数 = 1–（LN（住房价格）–DELAY1（LN（住房价格），1））/DELAY1（LN（住房价格），1）×0.51

Units：Dmnl

住房供给 = INTEG（供给增加–供给实现，35244.01）

Units：万米^2

住房开发投资 = 住房开发投资占 GDP 比例×GDP

Units：亿元

住房新开工面积 = 341.956×（住房开发投资^0.545）×开工延迟系数

Units：万米^2

住房新竣工面积 = 20097.274 + 0.373×住房新开工面积

Units：万米^2

住房需求 = INTEG（需求增加–需求实现，27617.1）

Units：万米^2

住房预售面积 = 住房新开工面积×0.6

Units：万米^2

供给增加 = 住房新竣工面积 + 住房预售面积 + 二手房供应

Units：万米^2

供给实现 = 住房销售面积

Units：万米^2

总储蓄率 = IF THEN ELSE（老年人口占比＜= 0.08，12.940×老年人口占比×100–54.023，–1.509×老年人口占比×100 + 62.783）

Units：Dmnl

养老住房目标客户 = 老年人口×0.4

Units：万人

商品房供求比 = 住房供给/住房需求

Units：Dmnl

土地成本 = 基准地价×土地政策

Units：元/米^2

土地政策 = IF THEN ELSE（Time＜2003，1，IF THEN ELSE（Time＜2007，0.9，IF THEN ELSE（Time＜2009，1.1，IF THEN ELSE（Time＜2010，0.9，IF THEN ELSE（Time＜2014，0.8，1)))))

Units：Dmnl

城镇化率 = （7.541 + 0.803×LN（人均 GDP） + 0.031×LN（人均 GDP）×LN（人均 GDP）×LN（人均 GDP））/100

Units：Dmnl

家庭可支配收入 = 人均可支配收入×家庭规模

Units：元

家庭户人口占总人口比例 = 0.98

Units：Dmnl

家庭户数 = 34049.1×（1 + （Time–2000）×0.019）

Units：万户

家庭规模 = 人口总量×家庭户人口占总人口比例/家庭户数

Units：人/户

容积率 = 3

Units：Dmnl

开发税率 = 0.0655

Units：Dmnl

房价收入比 = 住房价格×人均居住面积×家庭规模/家庭可支配收入

Units：Dmnl

综合成本 = （住房建安成本/0.55 + 土地成本/容积率××（1 + 0.7×3×贷款利率/100）×（1 + 开发税率））

Units：元/米^2

绿色住房目标客户 = 人口总量×城镇化率×0.25×绿色住房认知程度

Units：万人

购买力水平 = 房价收入比对购买力水平的影响因子×贷款利率对购买力水平的影响因子×首付比例影响因子×储蓄率影响因子

Units：Dmnl

普通自住型需求增加 = 购买力水平×人均居住面积×（人口总量×城镇化率×

0.008×0.8×2＋人口增加×城镇化率×0.2×0.5–老年人口增加×0.2）

Units：万米^2

投资型住房需求增加＝二套房首付比例影响因子×房地产税对投资型住房需求影响因子×购房者预期影响系数×贷款利率对投资型住房需求影响因子×（住房销售面积–DELAY1I（住房销售面积，1，15000））

Units：万米^2

养老住房需求增加＝IF THEN ELSE（（养老住房目标客户–DELAY1I（养老住房目标客户，1，2500））＞0，（养老住房目标客户–DELAY1I（养老住房目标客户，1，3400）），0）×城镇化率×人均居住面积

Units：万米^2

绿色住房需求增加＝（绿色住房目标客户–DELAY1（绿色住房目标客户，1））×人均居住面积

Units：万米^2

需求增加＝（普通自住型需求增加＋投资型住房需求增加＋养老住房需求增加＋绿色住房需求增加）

Units：万米^2

房价收入比对购买力水平的影响因子＝WITH LOOKUP（房价收入比，（[（2，0.75）—（20，2）]，（2，2），（2.5，1.6），（3.5，1.3），（5，1.2），（6，1.1），（8，1），（10，0.9），（15，0.85），（20，0.75）））

Units：Dmnl

房地产税对投资型住房需求影响因子＝WITH LOOKUP（房地产税，（[（0，0.8）—（0.02，1）]，（0，1），（0.004，0.98），（0.005，0.97），（0.008，0.96），（0.01，0.95），（0.012，0.92），（0.015，0.9）））

Units：Dmnl

购房者预期影响系数＝WITH LOOKUP（（住房价格–DELAY1I（住房价格，1，1900））/1000，（[（–2，0）—（2，6）]，（–2，0），（–0.5，0），（0，0），（0.2，0.7），（0.5，1.6），（1，3），（2，5）））

Units：Dmnl

贷款利率对投资型住房需求影响因子＝WITH LOOKUP（贷款利率，（[（4，0.8）—（10，1.5）]，（4，1.4），（5，1.2），（6，1），（7，0.9），（8，0.87），（9，0.84）））

Units：Dmnl

贷款利率对购买力水平的影响因子＝WITH LOOKUP（贷款利率，（[（4，0.8）—（10，1.5）]，（4，1.4），（5，1.2），（6，1），（7，0.9），（8，0.87），（9，0.84）））

Units：Dmnl

首付比例影响因子 = WITH LOOKUP（首付比例，([（0，0）—（1，2）]，（0，2），（0.1，1.6），（0.3，1.1），（0.4，1），（0.5，0.9），（0.65，0.8），（0.7，0.75），（1，0.5）））

Units：Dmnl

附录 4　综合系统的系统动力学方程

INITIAL TIME = 2000

Units：Year

The initial time for the simulation.

FINAL TIME = 2050

Units：Year

The final time for the simulation.

城镇化率 = （7.541 + 0.803×LN（人均 GDP） + 0.031×LN（人均 GDP）×LN（人均 GDP）×LN（人均 GDP））/100

Units：Dmnl

二套房首付比例 = IF THEN ELSE（Time＜2010，0，IF THEN ELSE（Time＜2011，0，IF THEN ELSE（Time＜2015，0.6，IF THEN ELSE（Time＜2017，0.6，0.6））））

Units：Dmnl

二套房首付比例影响因子 = WITH LOOKUP（二套房首付比例，([（0，0.8）—（0.9，1.5）]，（0，1.3），（0.4，1），（0.5，0.98），（0.6，0.95），（0.9，0.8）））

Units：Dmnl

二手房供应 = 投资型住房需求增加×0.3

Units：万米^2

女性出生人口 = （"P15-19"×"女性15～19岁" + "P20-24"×"女性20～24岁" + "P25-29"×"女性25～29岁" + "P30-34"×"女性30～34岁" + "P35-39"×"女性35～39岁" + "P40-44"×"女性40～44岁" + "P45-49"×"女性45～49岁"）×100/（100 + 出生性别比）×政策系数×房价收入比影响系数

Units：万人/年

男性出生人口 = （"P15-19"×"女性15～19岁" + "P20-24"×"女性20～24岁" + "P25-29"×"女性25～29岁" + "P30-34"×"女性30～34岁" + "P35-39"×"女性35～39岁" + "P40-44"×"女性40～44岁" + "P45-49"×"女性45～49岁"）×出生性别比/（100 + 出生性别比）×政策系数×房价收入比影响系数

Units：万人/年

房价收入比影响系数 = 1-（房价收入比-DELAY1（房价收入比，1））/DELAY1（房价收入比，1）×0.51

Units：Dmnl

投资型住房需求增加 = 二套房首付比例影响因子×房地产税对投资型住房需求影响因子×购房者预期影响系数×贷款利率对投资型住房需求影响因子×（住房销售面积-DELAY1I（住房销售面积，1，15000））

Units：万米^2

普通自住型需求增加 = 购买力水平×城镇化率×（（"1代户"×0.15×94.62 + "2代户"×0.19×115.26 + （"3代户" + "4代户及以上"）×0.02×136.49）×0.8×0.4 + （"1代户增加"×0.2×94.62 + "2代户增加"×0.36×115.26 + （"3代户增加" + "4代户及以上增加"）×0.13×136.49）×0.6）×（1 + 人均居住面积增长率）

Units：万米^2